Верујем у Бога и у Српство

Верујем у Бога и у Српство

Јован Дучић

Globland Books

ЈУГОСЛОВЕНСКА ИДЕОЛОГИЈА

ИСТИНА О „ЈУГОСЛАВИЗМУ"

Хрвати нису никад марили за славизам, нити без неповерења говорили о југославизму. Они су славизам идентификовали са руским православљем, а југославизам са балканством. Зато су обоје сматрали неподударним са хрватском идејом о култури, једино правој култури, западњачкој, значи већим делом католичкој. А тако исто неподударним и са искреном жељом Хрвата да остану и даље на једном моралном континенту који је, пре свега, одељен, као широким морем, од источњачке културе везане за источну цркву.

Југославизам, кад се очисти од реторичких елемената, био је за хрватску памет само један политички израз, а не и један национални појам. У овом су се Хрвати битно разликовали од српског схватања југославизма. Никад Хрвати нису замишљали могућност да свој хрватски видик замраче југословенском магловитошћу, ни да размене свој стари хрватски грош за какву неизвесну југословенску пару. Ја мислим да би се могло данас „на крају баладе", а што значи после свег проживљеног и окушаног, рећи ово: у хрватским очима нико није био добар Југословен ако није пре тога био лош Хрват.

Уосталом, славизам је међу католичким Словенима био увек слабији од њиховог католицизма; а католички су Словени и сами нагонски осећали да та два осећања не иду заједно. Словенство је по својој општој идеји о животу, о односу човека према његовом

Богу, потпуно хеленско, што се види по његовој ведрини и човекољубљу; а католички Словен представља једну деформацију која долази из сукоба његове младе словенске крви, здраве и оптимистичне, са католичком мистиком, произашлом из друкче крви и друкче идеје о животу. Словенство и католицизам су међусобно противуречни. Фаталност овог случаја огледа се довољно у историјама католичких словенских народа.

Православни народи су међу собом повезани двоструко: расом и вером. Ако су са Грцима и Румунима повезани само вером, а не и расом, зато су с њима повезани заједничким историјским доживљајима. Наиме, сви су они подједнако робовали Монголима или Турцима. Ово чини, дакле, да су с овима такође повезани двоструко: вером и историјом. Додајмо овде и да су они сви заједно наследили благодети византијске културе и уметности, које су неколико векова служиле узором и Западу (*ex Oriente lux*). Ова велика духовна породица од Белог до Егејског и Јадранског мора, постаје тиме један веома интересантан блок, у погледу моралном пре свега. Ово осећање сродности, ишло је понекад и до породичног осећања.

Хрватство, напротив, одељено од тог словенског блока Аустријом и Мађарском, и потиснуто добро на југозапад, било је много одвојено од других и главнијих католичких Словена. Везе између Загреба и Варшаве биле су одувек незнатне. Али је Хрватска утолико природније гравитирала према групама своје вере, које су ближе, остављајући по страни групе своје расе, које су биле даље, и далеко. Кад су се Хрвати борили с Римом да добију словенску службу у цркви, то је значило само да католичанство направе још већма својим народним *ultimum refugium*, у опасности од православља, а затим и од муслиманства.

За православне Словене би се могло рећи да их везује православље већма него и крв словенска. Ово се видело како је

Русија помагала српски устанак против Турака кад год није сама била у том ометана од стране других, нарочито Наполеона. Цар Александар I је тако помагао наш први Устанак, а Александар II је ослободио на Плевни православну Бугарску. Руске су услуге тако исто православној Грчкој биле велике. Ако је Русија доцније на Санстефанском конгресу прешла одвећ на страну свог детета са Плевне, то је била једна политика словенске Русије одиста изван њене традиције.

Најзад, крајем XIX века су постојала три разна славизма: „панславизам", који је био стварно панрусизам, империјалистички и искључив; затим „неославизам" др Крамаржа, чији је циљ био окупити све Словене у монархији око Прага, са тенденцијом да се тај покрет прошири и међу њихове сународнике око монархије; и најзад, „југославизам", који се сматрао покретом из Београда, револуционаран и некомпромисан, са циљем да окупи све Јужне Словене у заједницу моралну, на бази језика, и заједницу политичку, у државу Југославију. — Сва три ова славизма су пропала, сваки на свој начин. Вероватно да ће у послератним приликама бар једно од ових трију славизама поново избити као каква идеологија неке од словенских група. Најмање је вероватно да ће оживети југославизам, који је пропао најжалосније, и чим је био стављен на прву пробу. — Овом чланку је задатак да докаже да он и није био поникао ни из каквих позитивних основа, него из једног апсолутног неспоразума; продукт једног нарочитог поремећаја свих здравих начела за живот; једна романтика која је истављена насупрот реалне политике; и једна фатаморгана која је одвела у катастрофу државу Србију, једино реално у том нездравом сну о немогућем и неприродном.

Истина, овај данашњи свеобимни рат је својим неодољивим потресом донео и друга изненађења и разочарања. И народи који су до јуче веровали да су повезани разним историјским или расним везама, као једно здраво и коначно уобличено друштво, показаше се овим ратом, и ненадно, и напротив, као међусобни противници, чак и злотвори. Нарочито су словенски народи дали од себе жалосну слику у овом погледу. Пољаци су за неколико квадратних миља у Шлеској отпочели деобу Чехословачке, осуђене на пропаст. Али су мало затим и Руси са Хитлером поделили ту исту Пољску, и то на основу ратних победа чисто нацистичких! И Словаци су напустили Чешку, за једну „независну" државу која ће трајати од данас до сутра. Најзад је Хрватска издала Србе предавши се непријатељу на фронту већ првог дана, а затим поклавши нејач својих суграђана Срба, на начин какав не памти европска историја од свог постојања. А зар већ Бугари нису и прошлог рата пошли против Русије са Турцима, од којих су их ти исти Руси ослободили петовековног ропства, пола столећа раније.

Било је, извесно, врло погрешно, и сасвим грешно, подметати Хрватима како су они творци једне идеје о солидарности Јужних Словена, која се зове „југославизам", и коју је требало сматрати довољном као основ и за стварање једне заједничке државе тих Словена. Ни сами Хрвати нису ништа слично за себе тврдили. Чак су се најватренији патриоти хрватски од такве идеје и отворено отресали. Ово идемо и да докажемо овим нашим написом; и то разлозима, које сматрамо једино разложним.

Почнимо од наших држава средњег века. Да видимо да ли је међу Јужним Словенима било икад икаквог знака осећања расне и племенске солидарности, на начин како су то у наше доба хтели сматрати југославизам.

Никаквог знака у тим временима о каквој националној или расној идеологији, као вези међу нашим државним јединицама! Није, уосталом, сличан феномен постојао ни међу државама других етничких група у Европи средњег века. Национализам је уопште једно осећање скорашњег порекла; за њега се рекло да је рођен после Битке код Валмија, за време Француске револуције, а затим се национализам дефинисао тек Наполеоновим ратовима. — За Словене се може рећи да су, напротив, увек ратовали међусобно, и кроз велики број векова. Срби, већ оснивајући прву своју државу у Рашкој, око 825. год. ратовали су и победили Бугаре, што су им и ови вратили веома брзо. Бугарски краљ Михајло Шишман је ратовао 1330. год. против Србије, кад су узалуд Срби опомињали овог хришћанског владаоца како су „Агарјани" у припреми да навале из Азије, и да ће требати заједно бранити угрожено хришћанство. Погинувши у овом поразу, Михајло Шишман је оставио за наследника краља који је био вазал Душанов: а тиме је хегемонија средњег века коначно прешла у српске руке! Такви су били односи наше две словенске и суседне државе средњевековне. — Ако је Цар Душан долазио и до Клиса над Сплитом, и замало није запосео све земље на западу словенског Балкана, да га друге прилике не одведоше на исток, можда би неко уједињење било још у оно доба и могућније него икад доцније. Други српски краљ, Твртко, „краљ Србљем, Босни и Приморју" (Миклошић: *Monumenta Serbica*, 187 и 438), извршио је једно кратко уједињење, које је заправо било само освајање.

Никаквог ни спомена о савезима међу нашим југословенским државним групама. Ако се каже да је на сабору хрватског краља Томислава био и наш хумски „великославни" кнез Мирослав, „са српским великашима", ништа није наличило на какав савез, или на пут уједињавању. Ако су и два српска владара, кнез Лазар и краљ Твртко, једном доцније помагали хрватске побуњенике против Мађарске, то је можда више да ослабе краља Жигмунда, него да одиста спасавају Хрвате, ионако осуђене да буду побеђени. Према томе, нема знака о ма каквом расном и југословенском афинитету између Срба и Бугара и Хрвата кроз цео средњи век, све до освита XIX века. А видећемо колико га је истински било и у том столећу.

Свакако треба унапред имати на уму да је ово XIX столеће долазило после крвавих прогона Срба у Хрватској и Славонији, за време Марије Терезије нарочито. Ови прогони су били слични оним који су за време светог Доминика вршени у Пиринејима. Сви Срби који нису хтели прелазити у католичанство, или унијатство, скапавали су по тамницама, на тортурама, или натеривани на исељавање у Угарску, Италију, Влашку, и чак у Русију. Ови прогони су, уосталом, били вршени према обрасцу једног старог датума. Већ је Сикст II наредио био мађарском краљу уништење шизматика у Босни, значи богумила; али и православних, који су увек сачињавали главно босанско становништво. Овај крсташки рат је трајао шест пуних година! А како је војска мађарска већ од Коломана била мешовита (мађарско-хрватска), значи да су на Врбасу и на Босни клали преци данашњих усташа онако како то и ови чине данас.

Овакве су успомене постојале међу Србима и Хрватима све до пред освит XIX века. Никакве племенске солидарности, и никаквог југославизма кроз цео средњи век.

III

Нарочито су у Србији наши шири кругови били дуго заваравани речима, за њих сибилски неразговетним, као што је „илирство" и „југославизам", а затим именима Штросмајера и Рачког, која су најзад била постала симболична и легендама, скоро светачким и пророчким. За словенску психу српског човека изгледало је на тај начин да је оно што је мутно, било и дубоко. Васпитан у култу хероја из свог царствујушћег средњег века, за њега су ова два католичка свештеника били све занимљивији, што су били више несхватљиви. Обојица мало што нису из једне сумњиве историје и шарене литературе, пролазећи кроз режимски апарат наших дугогодишњих диктатура, значи кроз један званични патриотизам, продрли и међу имена нашег највећег дохвата и остварења.

Шта је то заправо илирство? И какве везе има оно са нашом народном судбином српском? Је ли то једна идеологија у смислу националне солидарности Јужних Словена? Књижевни покрет? Или политички? Или обоје?

Илиризам се зове другим речима и Хрватски препород; и сасвим тачно. Али на томе изразу треба и остати. Илирски покрет је чисто хрватска ствар унутрашња и локална, просветна и морална, а политички важна само утолико што је она постала затим и жариштем за све друге националне амбиције Хрвата, у једном за њих одиста важном, а можда и великом столећу. Илиризам је претеча Штросмајеровог покрета, названог погрешно „југославизмом". Погрешно, бар по српској дефиницији ове речи. Са тим Штросмајеровим покретом, хрватски народ, врло убог и скучен и незнатан у веку пре овог, постаје затим извесном афирмацијом, која је превазилазила и његов прави значај. Али имала је ипак и свој изражај, не без интереса, за сваког историчара идеја оног доба.

Да кажемо најпре нешто о илиризму, који многи бркају са хрватским југославизмом.

Шта је то био илиризам?

Познато је да ово име долази од Илирије, државе коју је Наполеон у својој манији да прави нове краљевине, намеравао да створи на тлу старе Теутине земље Илирије; нову државу и нови народ, на основи извесних његових сличних особина. Држава створена од Словеначке, Хрватске и једног дела Далмације. — Ово је било после његове победе на Ваграму. Али је ова Наполеонова идеја пропала на првој конференцији за мир. Остало је од тога само толико, што су се Французи пуно заинтересовали српским народним песмама, од којих је ондашњи романтични преглед „Le Globe", правио врло велико питање, и Проспер Мериме певао српске рапсодије потпуно у духу наших циклуса. Тако, да је једна његова збирка *Le Guzle* изазвала веровање како су то одиста оригиналне творевине једног даровитог епског народа, а не једног даровитог француског песника мистификатора.

Али у Словеначкој, а нарочито у Хрватској, Илирија је остала у великој успомени. Треба знати тадашњу беду онамошњег народа. Прва четврт XIX столећа била је изузетно тешка у несрећној Хрватској. У Далмацији је народ хрватске народности био потпуно занемарен, запуштен. За цело време Млетачке власти — а то је од 1420. до 1797. — није било онамо ни једне једине школе на народном језику. *Si volete Dalmati fedeli, tenete li ignoranti*, говорили су хрватски данашњи спаситељи. Међутим, за време Наполеонове владе, за свега 8 година, Далмација је одозго до доле, била засута гимназијама (7), и девојачким школама (14), и занатским (8), и дечјим (19), и сјемеништима (4) итд. Али ће овај напредак Аустрија, долазећи у Далмацију, свирепо уништити. Један онамошњи народњак пише да је још 1870, Далмација имала 80% аналфабета... (Франо Иванишевић: *Народни препород у Далмацији*, Сплит, 1932). Ми видимо да у години 1825, Мађари намећу Хрватима као административни језик мађарски а они се боре да им оставе латински, ни не мислећи на свој народни! Али 1835, долазе Мађари и да им натуре мађарски језик као школски и обавезни. Намера је Мађарске била овај пут да Хрватску просто направи мађарском провинцијом. — Пред опасношћу да сасвим не утону, Хрвати, у једном Наполеонском времену национализма, почну одиста да се и сами буде.

Али што је Хрвате нарочито пренуло, то су устанци Карађорђа и Милоша, који су и по другим словенским земљама изазивали дивљење. У Хрватској су биле тог времена на видику, све до почетка XIX века, само две класе: свештеници романизирани, и племство мађаризирано. У борби за језик, идући за свештеницима, тражили су латински; али под већом влашћу племства, помогнутог из Будима, морали су примити, као обавезан школски језик, мађарски.

У то време, један млад студент, пореклом Немац из Крапине, како је изнашао Фердо Шишић, Људевит Гај, бавио се много у Грацу и Пешти у друштву српских омладинаца, занесених устанцима, а тако исто *Српским народним песмама*, које је Вук Караџић био објавио у то време. Српски језик којим су српски студенти говорили, и којим је Вук писао, занео је Људевита

Гаја, да је он помишљао на жалосно стање народног говора по хрватским крајевима. У њему се зато роди идеја да би требало да Хрвати узму српски књижевни говор за свој књижевни језик, значи по обрасцу Вукових народних песама. Хрватски говор је био у Загорју кајкавски, а по острвима чакавски. Гај смисли стога да Хрвати прихвате српску штокавштину. Тим говором су се већ служиле и Далмација и Славонија, зато што су их Срби насељавали кроз неколико последњих столећа. Ово прихватање српске штокавштине, мислио је Гај, ујединило би хрватске крајеве. А како је и цела дубровачка књижевност писана на српској штокавштини, исто онаквој на каквој су писане и Вукове српске песме, усвајање српског књижевног језика, значило би и анектирати Дубровник за Хрватску, а не оставити га Србима. Тад је покренут „Хрватски лист" са књижевним додатком.

Ово је главно дело илиризма.

Да не буде никакве забуне, потребно је рећи да Хрвати нису без великих духовних разлога извршили овај морални преображај, узимајући туђи књижевни језик за свој сопствени (што је несумњиво беспримеран случај међу народима). На кајкавском говору (којег опет Словенци сматрају својим народним језиком), нису Хрвати били ништа важно написали. На чакавском говору, који се једини у филологији сматра неоспорно и искључиво хрватским, нису могли отићи далеко, јер он није показивао могућност да се даље развија. Доказ, што стари хрватски рукопис *Винодолски закон*, представља равно језик којим и данас говоре Виндолци. — Доцније ће Рачки имати намеру да штампа за свој народ „читанку", у којој би били средњевековни српски књижевни споменици, житија, да у недостатку својих сопствених таквих извора, хрватски језик добије извесне класичне обрасце.

Али нису Хрвати примили штокавштину српску ни без извесног отпора. „Хрвати уведоше и сами језик штокавски, акопрем их је то стало и стоји неизмјерно труда јер и од свагдашњег домаћег говора далеко им је дости" (Вежић, Невен, 1855; Милосављевић, II, 28). Чак нису они примили језик српских народних песама без протеста. Мишкатовић пише Јагићу: „Они се надају одољети ако правопис и граматику будемо имали одијељену од србске..." (Јагић: *Спомени мојега живота*, 62). До овог доба, како каже један писац, језична линија, а то значи хрватски морални континент, ишао је као граница штокавштине према северозападу, Купом, и савијала на реку Чазму ка Драви! Још у „Даници" 1847, хрватски писац А. Ткалчевић каже да „прави Хрвати преко Купе станују". — И сам И. Кукуљевић пише да „хрваштина ступив преко Саве, а поглавито преко Купе почима..." (Архив, IX, 318; Ђерић 158). — Да Хрвати нису узели српску штокавштину, него остали на кајкавштини, мењали би затим све оне погрде са западним суседима на заједничком језику кајкавском, место што, на несрећу нашу, мењају данас с нама те своје погрде на штокавштини...

Ни Срби нису баш олако пропуштали да ово акапарисање њиховог књижевног језика, језика из народних епоса, Хрвати изврше, а да то они не објаве као недозвољени плагијат. Јагић, највећи хрватски филолог, пише: „Само се по себи разуме, да ми је било смешно кад се са српске стране приговарало Хрватима (управо Илирцима међу 1834. и 1848), да су неправедно себи присвојили српски језик као књижевни — место да се веселе тој концентрацији, коју је иначе код Илираца побудила и подупирала дубровачка литература". (Јагић: *Спомени мојега живота II*, 247). А што се тиче ове напомене за дубровачку књижевност, навешћемо један податак да се види како Хрвати ни сами нису сматрали дубровачку књижевност својом својином. Њихов професор опште историје на загребачком универзитету, учени Натко Нодило, писао је: „У Дубровнику, ако не од почетка а оно од памтивјека, говорило се српски, говорило како од пучана тако до властеле; како код куће тако у јавном животу. Јесте истина да су записници разних вијећа водили латински, а прилика је такође да под кнезовима млетачким, њих ради, на вијећима се понешто расправљало и млетачким и којекаквим говором. Него у опћини од Млетака ослобођеној, српски је расправни језик" („Рад", 65, 117). — Онако узети српску штокавштину, како су урадили Илирци, било је дакле анектирати и Дубровник (као што ће то коначно и политички урадити, чак споразумно са српском опозицијом, 1939. године).

Никад се Хрвати нису могли да навикну на идеју да су они у Европи један мали народић, једва историјски. Они прикривају и изобличују и оно што о том зна цео други свет. Дубровачки знаменити историчар Мавро Орбини, XVI века, свештеник тога града, у својој чувеној историји представља, као једину познату научно народну историју, повест Немањића, и осталих српских средњевековних династија (Хребељановића, Мрњавчевића, Војновића — Алтомановића, Косаче и Балшића), стављајући чак у грб Немање све грбове осталих јединица југословенских, а међу њима и грб хрватски... Описујући надуго и широко повест Срба, са подацима који ни данас нису поречени, Орбини, под именом *Повест Хрвата*, има у својој књизи свега три магловите странице! А говорећи како су некад Хрвати нудили помоћ Дубровнику против кнежева херцеговачких Војновића, Орбини пише да су Дубровчани одговорили на ово: „Али ви сте из земље веома далеке..." *Voi siete dal paese molto lontani...* (Орбини: *Il Regno de gli Slavi*, Песаро 1601, 395). Ето шта су Гундулић и његови суграђани знали о својој народној историји, а шта о Хрватима.

Хрвати никад нису имали својих народних песама. Срби су народ гусларски, а Хрвати народ тамбурашки; и док су

Срби изграђивали своје славне епосе, Хрвати су изграђивали поскочице. И сама римска црква забрањивала је Хрватима народне песме. Она није ни ма где другде помагала националне покрете; јер јединство у њеним очима, било је могућно само кроз веру, а не кроз државу. Већ је велики и учени папа Иноћентије III на сабору у нашој Дукљи изјавио године 1199. да црква и држава не иду заједно. Зато су у Хрватској Ћирило и Методије, после њихове посвете у Риму тек у наше доба, за Лава XIII, били светковали као свеце, али их нису примали као учитеље словенске, и проналазаче ћирилице! — Кукуљевић пише да је загребачки бискуп Петровић забрањивао народне стихове. А Вјекослав Јагић пише да је црква већ у средњем веку прогонила певање народних песама, не само зато што је место њих уводила црквене попевке, него је издала против њих и забране („Рад", 1876, 37). Овим се објашњава што Хрвати нису ни имали љубави за народну песму, нити је икад стварали.

Какав наш Југословен режимски, или који други игнорант народних питања, рекао би да је заједнички књижевни језик, овако „постигнут" између Срба и Хрвата, ипак донео у политичком смислу извесну солидарност, приближење, осећање заједничког. Али тај Југословен не би рекао да се с њим само солидарисао неко ко му је придигао капут или табакеру! — Није ни само то. Треба добро знати да је штокавштина српска требала да убрзо затим послужи Хрватима, не само да имадну један леп и логичан језик, него и да се постепено помоћу њега окупе и сви други штокавци, значи Срби, око Загреба, као главног штокавског културног центра... Доказ, што је већ један познати Илирац, Иван Деркос, тражио отворено такво груписање свију штокаваца око свог културног центра Загреба. А стари гроф Јанко Драшковић је у тај круг око Загреба, нарочито позивао Босну, не помињући међутим Србију, нити иједну другу штокавску православну земљу. И кад се бан Јелачић инсталирао за бана 1848, у присуству патријарха српског Рајачића, а затим свечано оба ношена на рукама око славолука, стајало је и то у вези са аспирацијама Хрвата да се и Војводини наметну за центар, најпре национални, а затим и верски (унијатски).

Ово је друго лице илирства.

Ово је то илирство, за које су толике наше небројене незналице са упорношћу тврдиле српском народу да је то био покрет југословенске солидарности, који ће након 1848. постати и југославизмом, тобожњим покретом братства, гласоношом политичког уједињења Јужних Словена, значи пут у једну државу, која би се, наравно, звала Југославија. Сасвим обратно. Видеће се из овог што следује да је и Штросмајеров југославизам био нешто сасвим друго од свега тога како се оно доцније представљало. Срби, по својој индоленцији да се удубљују у туђе ствари, и што све политичке идеје увек посматрају или провинцијално, или страначки, или најзад режимски, нису ниједног момента до данас доказали да су овај покрет разумели. А често ни хтели да довољно разумеју. Срби из Хрватске, који су долазили као политичари у Београд, нису осећали колико штете по обе стране, и за Србе и за Хрвате, може доћи баш од тога ако се једна национална идеологија изгради на неистини, и таква постави у темеље државе само као илузија, само као једна научна хипотеза. Треба бити истински убеђен, да све несреће, које је за 23 године њеног трајања забележила Југославија, не би ни пониклe да југославизам, ствар нереална и измишљена, није постала убрзо званичним патриотизмом наших најгорих режима, једна бирократизована идеја, коју није бранила ни црква, ни школа, него полиција и закон о заштити државе.

IV

Да пређемо на југославизам бискупа Штросмајера. Илиризам је хтео да Хрвати, присвајајући себи за књижевни језик онај којим су дотле писали само Срби, добију убрзо прохтев да тако помоћу заједнице језичне наметну оним другим свој дух хрватско-католичко-аустријски. Кајкавски говор којим се говори око Загреба, и на коме се развијала загребачка књижевност све до Људевита Гаја, није одржавао довољну везу ни међу самим Хрватима, пошто су чакавске области од Истре на хрватско приморје до Сења и до неких острва, биле ближе Србима него Хрватима. Југославизам је зато у првом моменту имао да се најпре брани од Срба у тим областима, а тек затим да пређе у напад.

Кад се Штросмајер јавио на арени, још је однос Срба и Хрвата био бољи него икад раније. Као што су Мађари у полемици говорили за Хрвате да су људство другог реда, тако су Хрвати у оној земљи држали одувек Србе грађанима другог реда; али познати аустријски апсолутизам 1849. год. долази да у Хрватску заведе сада место латинског, или дотадашњег мађарског, као званични језик, немачки, због чега су Хрвати нашли у Србима тог доба добре локалне патриоте. Њихова заједничка акција према Бечу, биће нарочито жива 1861. до 1867. Ово је доба одиста највише личило на приближење између та два увек завађена народа. — У Далмацији која је у то време још имала минималне везе са Загребом, такође ниједан хрватски успех није могао бити могућ без помоћи онамошњих Срба. Па ипак, ми ћемо видети да и поред свега „југославизма", како се звао овај нови загребачки покрет Штросмајеров, није био ниједан знак да се положај Срба у хрватским крајевима битно мењао, ма колико Срби помагали Хрвате. Наши би се људи зачудили кад бисмо им рекли да је загребачки Сабор већао тек 1884. о „српском питању", што значи о правима Срба, нешто налик на оно што је у Америци било питање њихових Црнаца.

Бискуп Јосип Јурај Штросмајер је био изузетно интересантан политичар.

Треба пре свега знати да је Штросмајер раније био капелан аустријског Двора у Бечу, а затим ректором велике богословије Аугустинеа, нарочито драге хабсбуршкој кући, а већ у 34. години постао и бискупом у Ђакову, епархији коју је сам желео. Био је лично везан за Цара, као његов човек од особитог поверења.

Ми смо имали пред собом, дакле, две личности Хрватског препорода, случајно оба Немца по крви: Људевита Гаја и бискупа Штросмајера. Али и два различна њихова покрета: илирство, покрет углавном локални и унутрашњи, и југославизам, покрет шири и експанзионистички, струју чисто хрватску и католичку и аустријску. — Била је и велика лична разлика међу двојицом протагониста тих покрета. Гај је био литерат и романтик, а Штросмајер је био првосвештеник своје цркве, проповедник њене непомирљиве догме, мисионар једне *ecclesia militans*, значи типични човек једног апостолата. Овакав апостолат увек потискује и искључује све што не стоји у служби његовој. Пренесен на национално тло, он и ту постаје мистичан и искључив. И заиста, после извесног времена, бискуп Штросмајер ни сам није више разликовао докле иде свештеник, а одакле почиње политички борац. Једино заједничко између шефа илирства и шефа југославизма, било је то што су оба били Немци, по крви и издржљивости; а као потурице, били и још фанатичнији за хрватску ствар.

Али бискуп Штросмајер, целог живота познат као лични пријатељ аустријског Цара, а по крви непријатељ Словена, колико и прирођен хрватском тлу и средини, зар је могао, бар по ичијој здравој памети, почињати у Хрватској какву акцију у смислу југословенске идеологије, како се она код нас Срба једино и представљала: значи, по дефиницији, иредентистичка и револуционарна?... И зар је један Царев пријатељ могао имати намеру да икад од хабсбуршке куће и аустријске Монархије, најкатоличкије, и апостолске, и јерусалимске, као што Хабсбурзи носе историјско име у својој титули, одваја од ње Хрватску, најлојалнију провинцију и најпобожнију парохију њезину?... Да је одвоји од владара који је после папе главни мач католичанства?...

Ако је Штросмајер говорио о југословенству, то је ствар политике а не осећања, идеје а не идеала, комбинације а не идеологије. Ако је и одржавао односе са српским кнезом Михаилом, то није извесно било иза леђа аустријског Двора. Ако је и Јелачић писао усрдна писма великом песнику Његошу, то није стога да с њим на рушевинама Хабсбуршке монархије прави неку нову државу за 3/4 православну... Као Штросмајер, ђаковачки бискуп, и Јелачић, аустријски генерал, био је најпре слуга Двора бечког, па тек онда бан хрватски. Најпре велики командант аустријске војске, па тек онда гувернер Далмације, једне сиромашне провинције, политичар који ће добити и после тих разговора са Његошем, за главног шефа Цареве војске у целој Угарској. И то у једном веома важном моменту. — Његош је својим писмом од 29. децембра 1848. поручио бану Јелачићу да се прогласи (!) баном Тројеђне краљевине устанком Срба и

Хрвата, и обећао му своју помоћ. Ово је пренеразило хрватског новог бана, који је био више Хабсбурговац него и Јелачићевац. Наседнувши овако, витешки владар Црне Горе, пише грофу Меду Пуцићу на Ђурђевдан 1849. своје разочарање: „Ја сам се у почетку нешто надао, а данас видим да је засад југословенство идеална ријеч која само празнијем гласом лијепо звечи..." (Л. Томановић: *П. П. Његош као владалац*, Цетиње, 1896).

По свему овом видите са колико се безумља и подвале говорило са извесних страна српском народу да је загребачки југославизам онакав покрет какав су Срби увек замишљали под таквим именом: као народни, а то је „братски", и „словенски", и „револуционарни", у смислу тоталног уједињења политичког и државног од Триглава до Црнога мора. Да, уједињење је спремао и славни бискуп из Ђакова: али уједињење под светом лозом аустријском, и изједначење у најсветијој цркви, католичкој.

То ће се видети из овог што следи.

Ни српски државници шездесетих година, на челу са младим кнезом Михаилом за његове кратке владе, нису правили у овом погледу пометњу, као што је правила наша генерација. Они се нису могли варати у оном шта је заправо значила акција иначе високо цењеног бискупа Штросмајера. Илија Гарашанин, највећи државник наше крви, водио је преписку са свима српским земљама у циљу уједињења Српства, а не југословенства. Није радио на основи аустријској: да Балкан припадне хабсбуршкој династији; него на основи Србије: да Балкан припадне балканским народима, као што је уосталом Гарашанин ово јасно оцртао у тачки 6. свог *Начертанија*. Ко је, дакле, још онда у доба Гарашанина икад веровао да је штокавштина постала тобож јача и од католицизма између Срба и Хрвата...

Па шта је онда заправо био тај Штросмајеров југославизам ако пре свега није био словенски покрет у целој својој суштини, питаће нас данас какав ожалошћени Србин, после свих превара које су му на основи тог југославизма урадили наши политички људи, и новинарски најамници разних лоших режима, и најзад, заведени добронамерни идеалисти. Шта је била онда та тобожња Штросмајерова доктрина, која је стављена у темеље нове државе, и више него равноправно са државном доктрином немањићском, која је била чиста и јасна као сунце: национализација свега оног што живи у државној заједници, искључивање свега што јединству те заједнице стоји насупрот! А Штросмајеров југославизам је био у сржи противност србизму, немањићској идеји о држави, балканском схватању о нацији, православном схватању о догми.

V

Да видимо тај Штросмајеров југославизам у целом обиму.

Штросмајер је био магнат цркве, богат свештеник, са амбицијама мецене, господин „сплендидан", са пуно наслеђеног инстинкта за воћство и завојевање. Како онда у убогој Хрватској није постојало ништа историјско ни краљевско из средњег века, он је знао да ни туриста који је артист, ни онај који је археолог, не може онамо наћи никакве занимљивости. Зато се решио да од Загреба направи једну малу Фиренцу, у којој би он био њезин Лоренцо Медичи. Најпре је стога направио у Ђакову велику катедралу, у коју је, као Немац, унео више луксуза него укуса. Али је био први и да крене идеју да Загреб треба већ да има свој универзитет, и први дао 60.000 форинти као прилог, што је онда било представљало врло велику суму. Затим је, сасвим следствено, подигао и Југословенску академију, Југословенску галерију слика, за коју се говорило да вреди 3.000.000 форинти, што је можда мало много; и помогао да се дигне Народна библиотека, и Музеј. Циљ ових установа је био двострук: да помогне културни покрет, али и да привуче све околне Словене око Загреба као свог најблиставијег центра.

Ово није дало нарочите резултате. Друштво српске словесности, са нешто скромнијим именом, дало је ипак Загребу свог највећег филолога оног времена, др Ђуру Даничића, да онамо крене изграђивање новог и највећег *Рјечника* нашег заједничког штокавског језика српских народних песама, а који је српски филолог на том делу и умро, оставивши да *Рјечник* продужи други Србин, Дубровчанин др Перо Будмани, а најпосле хрватски филолог, др Тома Маретић. Овај *Рјечник* Даничићев је главно научно дело које је икад Загреб кренуо. Даничић је требао да створи онамо језичну основу за језик Хрватске академије наука. Био је лепо примљен и као пријатељ јединства, што је значило широкогрудости према хрватском националном империјализму, што ће Даничић увидети тек седамдесетих година. Дошавши 1886, дошао је у доба заједничке борбе с Бечом, која је и на њега дејствовала. Он је већ 1850, с Вуком Караџићем написао на састанку у Бечу са главним Илирима *Правила* за употребу српског књижевног језика у Хрватској. Писао је дотле и *Разлику српског и хрватског језика* утврдивши да је језик хрватски дијалекат чакавски, и као Вук, веровао да штокавски говоре само Срби, ма на којем месту се налазили. Већ седамдесетих година, Даничић је добро осетио хрватски шовинизам. „Књижевник" часопис, претеча „Рада", писао је да се Срби требају убудуће називати Хрвати или Срби. Даничић је стога у то време писао Новаковићу из Загреба: „Овде је смрт а тамо живот..." (В. Врховац о Ђ. Даничићу). Али му се није напуштао *Рјечник* који је већ достигао био реч „чобо". Писао је у Београд да би било штета напустити тај велики научни посао: „Боље ми него они..."

Шта је заправо била практична политика бискупа Штросмајера?

Један католички побожни пропагатор може само у другом реду бити и национални борац; а један похрваћени Немац може тек сасвим споредно бити и словенски идеалист. Ако ико друкче мисли, тај не познаје људску психу. Зато је црвени конац који је ишао кроз дело бискупа Штросмајера показивао увек исти правац: покатоличити босанске муслимане, а поунијатити православне Србе. Стога је његова главна опсесија била Босна. То је била фатаморгана над бискупским двором у Ђакову. Како се поред овог просвећеног и агилног бискупа налазио и др Франо Рачки, познати историчар, који је писао о Хрватском државном праву (*Одломци из Хрватског државног права*, Беч, 1861), није чудо и да је први писао да је Босна „некоћ била хрватска". Ђаково, које је одиста некад у XV веку било на челу и босанске хијерархије, морало је сасвим природно на тим успоменама правити затим и много крупније закључке. Зато поред младог Штросмајера, од крви завојевачке, није ни сам Рачки тврдио о хрватству Босне као научник, него као политичар.

Босна је у једно време Штросмајерово и Рачког била одиста као каква богата миразача, која је очекивала добру прилику. После Кримског рата, Србија, нешто слободнија од притиска и Аустрије и Русије, показивала је (нарочито после својих ратова 1875—1878 са Турском), могућност да привуче к себи све Јужне Словене под турском управом. Ми знамо да је Бугарска у Букурешту већ раније закључивала споразум са Србима да српска војска и њих ослободи, а били готови да за то приме и српског кнеза за свог владара, и српско име за будућу заједничку војску. Босна је стога била у крупном плану Штросмајера и његовог пријатеља Рачког.

Требало је дакле из Ђакова кренути борбу за Босну као хрватску земљу!

Што је највише сметало, то је био сам босански народ, чак и босански народ католичке вере. Нико у Босни није пуно знао о Хрватима, ни њиховом културном центру као општем огњишту за све Јужне Словене. Босански фрањевац, познати писац Иван Јукић, писао је већ раније: „У Босанској Крајини од Хрватах не знају ни имена..." („Хрватско коло", 1847). Нешто доцније и историчар Иван Кукуљевић (у свом *Путовању по Босни*, 1858, 36), пише: „Сада је већ ишчезло овде име хрватско". Најзад, тако ће, пуно после тога, писати и Антун Радић, брат будућег шефа хрватског народа, Стјепана Радића: „На доста мјеста довољно и нехотице сам се увјерио да је хрватско име у Босни и Херцеговини сеоском свијету посве непознато". („Зборник за народни живот и обичаје Јужних Славена", IV, 1899, стр. 38; Ђерић, 47). Уосталом, овакво се стање продужавало и за аустријске окупације Босне. Вероватно да би се продужавало и до данас, да на владама нашим нису за дуги низ година били људи који за национална питања нису имали никаквог интереса. Није зато ни чудо што се 1939. из Београда уступила Хрватима као њихова национална својина, велика просторија те земље, за коју је Српство једино лило своју крв откад постоји, и где је, како видимо, хрватско име напротив, увек било туђе.

VI

Хрватско име било је одувек у Босни туђе, колико и португалско или финско. Босна је свагда називана само српском земљом. Да то и докажемо овде игнорантима који су кумовали бестидном Споразуму Цветковић-Мачек.

На почетку историјског живота Босне, српска династија под зетским кнезом Војиславом је заузела са Хумом и са Рашком још и Босну. У Босни се никад нису ни водиле борбе између Срба и Хрвата, него између Срба, Византијаца и Мађара. Босна, која се историјски први пут помиње после Чаславове смрти 960. год, тек после Бодинове смрти 1101. престаје као и Рашка да буде у држави Српској (Станојевић, 1926, 31.) Од тог доба је живела самостално. Али она ничег није имала заједничког са Хрватском (за две трећине мањом од себе)... Увек су биле и сродничке везе између Босне и Србије, откад је Кулинова сестра била удата за Немањиног брата хумског кнеза Мирослава, од којег нам је остало познато православно еванђеље. Кад је Немања од Грка освојио Котор, освојио је и Босну од Мађара, који су је били узели нешто раније (1136), узимајући и титулу босанских краљева. Босна је и даље признавала Немањину власт. Драгутин је Босну добио у мираз од Мађара. Душан је имао зато у својој титули и Босну.

Након кратке владе Кулиновог наследника Стевана, бан Нинослав све своје држављане зове само Србима. Један папа, потврђујући нека права дубровачкој цркви, у свом писму зове Босну српском земљом: „српска држава то јест Босна". *Regnum servilliae quod Bosna* (Farlati-Colleti: *Ecl. Rag. Historia*; Смичиклас: „Дипл. Зборник", 195; Ђерић, 37). А зна се да су босански краљеви потписивали у својим титулама да су најпре краљеви Срба, па тек онда Босанаца. Велики Твртко је имао титулу: „Краљ Србљем Босни и Приморју". (*Monumenta Serbica* 187) Тако и краљ Томаш (ibid. 438). — Шта би говорили Хрвати у оваквом случају?

За све се ово добро знало и у Ђакову, кад се правио план да се окрене пропаганда на Босну, где би Рим и Беч могли имати заједничких интереса да са Загребом раде заједнички. Истина, Загреб у прво Штросмајерово доба, био је тек једноспратна паланка. Један наш писац наводи ове речи једног хрватског књижевника: „За време кад је Хрватска имала свој најмањи опсег, број димњака износио је у свему око три хиљаде, а пре тога је сама крижевачка жупанија имала дванаест хиљада димњака". (Предавец: *Село и сељаци*, Загреб 1934). Ово пребрајање по димњацима било је, додуше, раније. Али кад су још при крају XVIII века, цела Хрватска са Славонијом имале, како пише историчар др Рудолф Хорват, буџет од свега 49.210 рајнских форинти, један век доцније, у доба Штросмајерово, увек исто родна и исто велика Хрватска, није одиста могла имати ни тада несразмерно веће богатство.

Кад је Рачки једном био у Београду, вратио се очаран, и говорио да их је Београд далеко за собом оставио у сваком погледу; а Кукуљевић се хвалио како је од Срба научио да буде патриот. Али то није сметало да ипак српска Босна постане главним предметом политике ђаковачког бискупа. Онда се почело и први пут писати о Босни. Из тог круга изишла је и фамозна *Повиест Босне* Вјекослава Клајића, сва апокрифна, сва тенденциозна. Клајић је писао о Босни да онамо живе 95% Хрвата, а оно су друго Цигани и Арбанаси. Доцније ће доћи старчевићанство, крајња левица Штросмајерове странке (као што је до данас франковштина била крајња левица Мачекове странке), да под утицајем опет Немца, Паула Ритера, похрваћеног Павла Витезовића, уопште негира да Срби постоје. Срби, који су у средњем веку имали царевину најјачу на Истоку, кад су Хрвати имали само једну глуву католичку парохију; и Срби који су у XIX веку имали опет слободну краљевину, кад су и даље Хрвати били једна мађарска провинција, којој су њени господари и још 1835. год. наметнули за школски језик мађарски, а 1849—1859. год. Аустријанци наметнули за школски језик немачки!...

Вук Караџић је говорио да Хрватима ништа не фали него народ. Стога су у Ђакову мислили да тај народ треба одиста направити, а да је за то остала била још само Босна. Али прва тешкоћа, то су били босански фрањевци, до оног времена независни и слободоумни. Они нису знали за Хрвате, нити имали икакве везе са њиховим клиром, а били чак поносни што је некад њихова хијерархија ишла и преко Славоније, све до Будима. После заузећа Далмације од стране Аустрије, Беч је преко својих онамошњих конзула заштићивао босанско католичанство, и школовао онамошње католичке свештенике. Али наједном 1841, Аустрија је престала са овим школовањем. Тад је нова ситуација фрањеваца босанских постала погодним за Хрвате, односно за Штросмајера.

Босански фрањевци су сами имали свог шефа хијерархије, којег су они бирали, и који је становао у каквом босанском самостану. Писали су сви ћирилицом. Звали су се „кршћанима" за разлику од православних, које су звали „ришћанима". Можда је на ове људе мислио Ангело Рока кад је писао: „А Босанци, између осталих племена која говоре српским језиком, обично употребљавају и одабранији начин говора". (Bibl. Vaticana, 171, Ђерић).

Тако су у Далмацији и Лици и Славонији католички свештеници уопште и врло често србовали, писали српске родољубиве песме, и служили се само ћирилицом. Познато је како је Матија Рељковић у свом *Сатиру* писао својим Славонцима да су њихови стари „српски штили и српски писали". А један од данашњих историчара католичких, др фра М. Гавранoвић, пише односно ових Рељковићевих стихова: „То српско писмо и књига, које овдје спомиње Рељковић, јесте без сумње религиозна литература босанских фрањеваца, писана ћирилским писмом, јер су се босанске фрањевачке надлежности до 1757. год. простирале преко Славоније чак до Будима". (др фра Гавранoвић: *Успостава редовите католичке хијерархије*).

Зато се Штросмајер није устезао да поведе отворену борбу против босанских фрањеваца. Каже се да је та његова борба трајала пуних четрдесет година! Како се решио да дадне фрањевцима друкче школовање под својом руком и по свом начину, направио је за њих нарочито сјемениште у Ђакову, пише фра Гавранoвић. А у Риму је успео да Света столица сама поставља фрањевцима босанским њиховог старешину, а не, као раније, да то чине они сами (као да се католичка црква треба да прави националном, као светосавска). Утицај Штросмајера на фрањевце босанске је временом постао одиста осетан. Свако зна држање песника фра Грге Мартића за време окупације Босне.

За време турско-српског рата, 1875—1878, све прилике су показивале да ће српске државе, које су ратовале за Босну и Херцеговину, добити те земље као победиоци. Међутим и Беч и Ватикан су пуно радили, напротив, да народ оних земаља не пристане на такву окупацију. У том су им пуно помагали Хрвати, тражећи и од фрањеваца да раде заједно за Аустрију и за католичку цркву. Фра Гавpановић у свом делу наводи и како постоје документа, да су после невесињске пушке, из Беча слате инструкције њиховом министру при Ватикану, грофу Пару, за дејствовање у том правцу. Не треба ни претпоставити да у таквој ситуацији Штросмајер није све чинио што су хтели папа и Цар аустријски у погледу Босне. Чак треба бити сигуран да је за аустријску окупацију оних двају српских земаља био у дипломатској акцији у Берлину, један крупан фактор Штросмајер, творац југославизма.

Познато је како је у XVI веку, један Штросмајеров претходник, хрватски калуђер, учени Крижанић, ишао у Русију са идејом да целу славенску Русију приведе католичкој цркви. Имао је теорију да, за успех у руском свету, не треба нападати православље, као што се раније радило, него, напротив, проповедати како су обе хришћанске вере једнаке у основи, али да су Грци преварили Русе. Школован у језуитском манастиру грчке народности у Риму, да би се нарочито спремио за овакав напад на грчку цркву, он у Русији развија дотле непознату католичку пропаганду у највишим круговима. Писао је у Рим да ће, ако само успе да добије место библиотекара у царском Двору, покатоличити Цареву породицу, а затим и цео руски народ! Крижанић је био протеран из Русије.

Али треба веровати да је овим путем ишао и југославизам ђаковачки. Навешћемо доцније само један пример колико је у време окупације Босне католички клир био забринут за своју цркву и паству у Босни, ако би се ситуација изменила онамо на штету Аустрије. Начин Крижанића у Русији је, уосталом, везан за све добре слуге цркве, исто као и за Штросмајера, старатеља католичког клира у Босни.

VII

Немогуће је икаквом здравом мозгу претпоставити, да се за аустријску окупацију Босне и Херцеговине борио и папа римски и Цар из Беча, а да је Штросмајер, врло угледни магнат своје цркве, остао скрштених руку; и сањајући о том да православна Србија заузме оне крајеве у којој живи и скоро четвртина католичког народа!... Верски рат у Хрватској против Срба једва је век раније вођен из Беча по вољи Марије Терезије, и за дуго година. Један документ ћемо навести који је довољан да се види шта је и овог пута било иза кулиса. У већ поменутој књизи историчара фра Гаврановића, пише: „Неки Алојз Бороша, супериор часних сестара у Загребу, предлаже аустријској влади да у Босни покатоличи све муслимане, и да их затим похрвати, како би на тај начин сузбили политичке аспирације Србије, пошто су се „идеал србски" и „србска вјера" дубоко усадиле у срце по Босни, Херцеговини, Црној Гори, Далмацији, Словенији и Јужној Македонији: и сваки аустријски патриот, био он Нијемац, Хрват или Мађар, треба са овим да добро рачуна". — Штросмајер је имао у Босни великог пријатеља, а такође великог непријатеља, фрањевца Штадлера, сарајевског бискупа, који је одиста почео католичење муслимана са једном муслиманком, али је ствар откривена, и прешла у јавни скандал, а замало што није дошло и до крвопролића.

Да пођемо даље.

Када је дошло да Аустрија изврши у Босни окупацију, Далмација, која се надала прва извући отуд корист, и духовну и економску, била је разочарана владом мађарског министра Калаја, затим Апела, затим Виртемберга, затим Хојоша. Далматински првак Миховило Павлиновић, напише у то време књигу и расправу, у којој је доказивао да Босна историјски припада хрватском народу и Далмацији. Овај писац, којег је Штросмајер називао својим „милим побратимом", стојећи у вези са Ђаковом, ишао је за једним крупним циљем: ако се Босна и Херцеговина одиста вежу за Далмацију, а Далмација затим буде заједнички повезана у Троједној краљевини са Хрватском и Славонијом, онда би тако Босна, *par ricochet*, била укључена и у Хрватску, што је био и иначе идеал већ од времена илирства.

Не треба заборавити да је Штросмајер радио на том „хрватском оквиру" као један међу првима. Године 1860, цар Фрања Јосиф је Патентом од 5. марта, био проширио своје Државно веће у Бечу, и позвао 38 већника из свих земаља Монархије, којом је приликом Далмацију заступао Фрањо, кнез Борели из Задра, а Хрватску барон Враницани из Загреба. У седници 25. септембра те исте 1860. год. Враницани је кренуо питање уједињења Далмације са Хрватском (пошто је Далмацијом управљала Аустрија, а Хрватском је управљала Мађарска). Одмах се јавио за реч онда млади бискуп Штросмајер да докаже како је посреди „историјско право мајке Хрватске", и једна „хитна потреба", која не трпи одлагања. И на конференцији првака који су се затим, на позив бана Шокчевића, били скупили да ово питање уреде и међу собом, и према Монархији, Штросмајер је опет водио главну реч. Тражио је и Истру (Франо Иванишевић: *Народни препород у Далмацији*, 1932, 8). Никад није Штросмајер ни доцније пропуштао да буде први у питању везивања хрватских земаља у један државни и административни блок.

На несрећу, Павлиновићева књига изазва раздор са Србима далматинским, који су до тог времена олакшавали целу борбу Хрвата против Талијанаша за народни језик и школе у Далмацији. Наједном су све везе као мачем биле покидане, након књиге Павлиновићеве, кад се Србима далматинским почело говорити о лажним правима Хрватске и Далмације на српску Босну. Они убрзо створише онамо и засебни Српски клуб и свој лист „Српски глас", у Задру, истакнувши да Српство једино има историјска права на Босну и Херцеговину, и да се, дакле, на такав начин не даје даље братовати. Пошто су дотле Хрвати успевали само помоћу далматинских Срба, ови им, после овакве подвале, откажу помоћ на првим изборима, гласајући с аутономашима, чиме Хрвати изгубе већину; чак и то да њихов врло угледни првак Михо Клајић не уђе у Сабор. Хрвати су тад узвикнули: „Издајници!" Тако ће после и у Хрватској, након хрватских насиља, Срби и у 1906. год. из тактичких разлога политизирати са Мађарима, на што ће им Хрвати и овај пут повикати: „Издајице! Мађарони!"

У Босну су били са аустријском окупацијом дошли многи агилни пријатељи ђаковачког бискупа Штросмајера. Нарочито Длустуш за просвету, Трешчец за управу, Херман за пропаганду. Међутим, поред свег илирства и доцнијег југославизма, покрет хрватски је остао у Босни ограничен на чисто католичке масе. — Ни у другим српским земљама, где је било католика, није још хрватско име било довољно разговетно; чак ни за дуже времена. Један познати научник из Дубровника, др Балдо Богишић, пита у овом погледу свог пријатеља проф. Вјекослава Јагића: „Јер ко су прави Хрвати? Да ли кајкавци западне три жупаније, или су Хрвати само чакавци далматинских отока, као што је Даничић мислио; или су Хрвати оне насеобине Угарске (и у Бургенланду) којих је пјесме скупио Курелац..." (музичар). Овај дубровачки католик пита овако Јагића још 14. септембра 1894. године!... (Јагић: *Спомени*, 356). Српски велики филолог Даничић је одиста писао да се Хрвати налазе само у три жупаније, где место „шта" говоре „кај"; и да их зато зову кајкавцима; додајући: „Али је језик њихов пријелаз од новог словенског (тј. словеначког) на најближи сусједни" (др Даничић: *Диоба словенских језика*, Београд, 1874). Иначе теза Даничићева је била да су Хрвати у основи само чакавци, као што се види у његовој студији *Разлика између српског и хрватског језика*. Што се тиче Срба, сви штокавци су Срби (као што је утврдио и Вук Караџић), па ма где они пребивали, мислио је и Даничић.

Штросмајерови људи у Босни ипак су урадили невероватне ствари. Између осталог, сабирали су онамо српске народне песме и исте послали Матици хрватској, која их је издала у 12 књига, као *Хрватске народне пјесме*! Ово је био несумњиво највећи и најружнији плагијат који је икад учињен у европској литератури. Овом приликом су били индигнирани и сами хрватски научници, који су књижевност стављали изван политике. Професор бечког универзитета, Јагић, пише др Франу Рачком, историчару: „Тако је Матица хрватска изазвала својом одлуком да изда некакве *Хрватске народне пјесме* читаву буру од страха да ћемо и то благо отети Србима. Ја збиља и сам мислим да код народне епске поезије не би требало сувише истицати хрватско име; јер што је некоћ било старих хрватских мотива, чини ми се да је пропало под навалом нових сижета, који су долазили с Турцима са Истока" (Јагић: *Спомени II*, 167). Као што се види, Јагић обраћа пажњу да су после доласка Турака и стварања том приликом српских епоса о Косову и Марку, српске народне песме неоспорно само српска творевина, коју не би у Загребу требали онако безочно присвајати.

Очевидно, Српство у Босни није имало опаснијег непријатеља него што је био шеф хрватског југославизма, бискуп Штросмајер, којег су примили без резерве врло мало учени србијански политичари, највише на реч наших Срба политичара из Хрватске, још најзбрканијих од свих наших јавних људи свога доба. Мало је требало да нам протуре Штросмајера за другог светог Саву! Макар и као нарочитог пријатеља Цара, и династије хабсбуршке, и најбољег аустрофила, и најискренијег пропагатора католичанства *in partibus infidelium*.

VIII

Ето ово је све био југославизам бискупа Штросмајера на делу. Али има и нешто још драстичније. То је био његов такозвани тријализам.

Шта је опет то? — запитаће какав наш политичар, увек далеко од наших и српских, и хрватских, и, најзад, међусобних проблема, о којима он за скоро четврт века није никад хтео нешто позитивно знати.

Тријализам је био у свом моменту хрватска доктрина о равноправности Аустрије и Мађарске и Хрватске као основног принципа Хабсбуршке монархије!... То су, према гледишту загребачких политичара, била три листа детелине, израсле из истог патриотизма и исте оданости Круни и католичкој династији, симбол њене снаге, афирмација јединства. Али већ после Нагодбе 1866. год. постајући двојном Монархијом, Аустрија је дошла са Мађарима до погодбе (подељена је Монархија на два дела, Мађарску и Аустрију), да у аустријском делу добију превласт Немци, а у мађарском, Мађари. Нагодбом је уништена „хрватска државна самосталност".

То је изазвало тежак осећај и нерасположење Хрвата. Незадовољни слабим компензацијама, они су показали то незадовољство на начин који је довео до терора барона Рауха. Од доношења закона Нагодбе 1866, до његове ревизије 1873, вођена је једна борба која је и од Рауха одвела ка Куену

Хедерварију! Од Хрватског државног права није остало више ни помена, а мађаризовање Хрватске замало што није забацило и организовање Босне за њено уједињење са мајком Хрватском.

Сад долази оно што је за Штросмајера најкарактеристичније, и што треба нарочито имати на уму.

У доба после Нагодбе 1866, дошло је до оснивања двеју великих хрватских странака: Унионистичке странке, чији је шеф био Штросмајер, и Странке права, чији је шеф био др Анте Старчевић, познати србофоб, који је негирао да Срби уопште постоје као народ, и који је дао лозинке „Србе о врбе" и „За Србе сјекиру", девизе које и данас имају своје место у хрватском народу.

Немојте ни помислити да Штросмајерова странка ишла за распадом Монархије хабсбуршке, макар што се звала и независном! Није ишла ни за одвајањем Хрватске од те Монархије, макар што се звала и народном! Напротив, програм Штросмајерове странке био је у овом: „Сви Славени (Јужни) уједињени под Хабсбурзима и под папом..." А програм правашке Старчевићеве странке (која је после његове смрти постала странком Јеврејина Франка, и названа Франковачком), био је, као што свако зна, овај: „Све хрватске земље уједињене под Хабсбурзима..." И сам бискуп Штросмајер године 1883, изјавио је да су Срби главни непријатељи Хрвата, и тиме показао да се први одриче свог југославизма. Ови такозвани Некавци или негатори Аустрије, неће друго него само унију Хрватске са Аустријом!

Шта кажу на ове речи обломови из наших партијских клубова, који су веровали слепачки да је Штросмајер револуционар, који жели Аустрију у Југославији, а не Југославију у Аустрији... И који је желео пад династије аустријске, за живот и срећу династије српске или бугарске... И који је сањао о демократији православног

Балкана, и о светосављу, место Цркве Светог Петра, за коју је он и живео... А постављајући овакав југословизам и у темеље једне нове и велике државе Југославије, насупрот немањићској идеји која је некад држала на себи најјаче царство на Истоку, наши државотворци, не знајући ни слова истине о том загребачком југословизму, метнули су тако у те темеље динамит, који ће је једног дана и разнети.

IX

Не треба да нико за ову погрешку криви Пашића. Али ни неке његове главне чланове владе из 1914—1918, у емиграцији. Ово ћемо видети даље, и по многим фактима. Пашић је можда најбоље упознао хрватске Југословене на закључивању Крфске декларације, около 7. јула 1917, на чаробном јонском острву. Уосталом, Пашић је већ и до тог чудног датума имао с тим хрватским члановима Југословенског одбора неколико инцидената, који су му јасно ставили до знања каквим је путем уз хрватски југославизам пошла била држава, коју је он дотле водио сигурном руком. Југословенски одбор је главни кривац за Југославију, за њену утопију, и за све оно што је морало одвести наше народе у данашњи хаос. — Други је кривац био Прибићевић, који је први у хрватском Сабору предложио да се Хрватска, Словенија и Далмација отцепе од Беча и Пеште, и сједине са Србијом и Црном Гором у једну државу (његов говор од 29. октобра 1918), што је овај то често и нарочито истицао (в. *Погледи на стање у Југославији*, Париз 1932).

Из свега овог што смо довде навели, види се јасно да ни илиризам Гајев, ни југославизам Штросмајеров, нису ни по чему били ни осећање народне солидарности са Србима, ни иредентистички покрет са Србијом и Црном Гором за некакву будућу заједничку државу, на рушевинама Хабсбуршке монархије. Напротив, то је била политика Беча и Ватикана обучена у један веома заслађен, и тобож романтичан, национални идеализам; политика крупних речи и шарених слика; мед из кошнице две групе људи, адвоката и фратара; значи људи, који за војнички и ратнички дух Србина, представљају нешто најнеразговетније и најнежељније. Илирци су узели српски језик најпре да присвоје дубровачку књижевност, која је цела изграђена на том језику, а затим да по Босни могу (цинизмом који се у нашој поштеној кући не да ни замислити), да похарају српске народне песме, и онако их бестидно штампају у Загребу као хрватску народну поезију. А Ђаковачки Југословени су се заклињали на верност Хабсбурзима, непријатељима балканских Словена, истовремено кад су протурали своје „братство" међу Србима да отрују све најчистије бунаре наше свести и енергије. То су били заправо оно што се тадашњим језиком звало авангардом Беча и Рима према Балкану, кад је баш у њему говорио највише ослободилачки покрет несрећне словенске раје у Турском царству.

Зар је могао иједан здрав разум веровати да, напротив, Хрвати, након десет столећа изолирања од свега што је словенско, могу да после тога имадну дивљења за српско витештво, за царствујушчу српску државу из времена кад су они били већ мађарско робље; и за светог Саву, који је био непријатељ Рима, и водио борбу са рођеним братом против римске агресије на Балкан; и да су били занесени косовским болом и Обилића правдом, који су прожимали српски народ у сваком његовом идеалу и потхвату... Хрват је тип изолираног острвљанина и типичног малограђанина, са малом историјом, ситном идејом о животу, са страхом од крупних идеала и великих потхвата; увек кавгација кафански више него мегданџија на бојишту; који се увек провлачио кроз живот погурено; увек бирајући између понизности према Аустрији да избегне Мађарску, или сервилности према Мађарској пред тероризмом Аустрије: као

1849—1859 године, када је Аустрија наметнула Хрватској за званичан језик немачки по целој земљи, а тако исто и Немце чиновнике не само по Хрватској него и по Далмацији. Мурта сјаши, Алајбег узјаши!...

Као што данас, 1942, безочно тврде да су демократе, кад њихова земља објављује рат демократијама, и шаље Хитлеру своје трупе против славенске Русије и „братске" Србије; и тврде без стида да се боре уз српске четнике, кад су они баш главне уходе и најкрволочније главосече нашој нејачи на свима путевима Босне до Берана и до Новог Пазара. Право је неваљалство говорити да су Срби и Хрвати два братска народа, истих расних инстиката, и зато способни за исти идеал и за заједничку судбину у истој држави. То је тровати здраву памет српског народа. Морамо рећи да је ово идеја неких наших сметењака, насупрот и самој идеји Штросмајера, који никад није сањао о заједничкој држави; и Старчевића, који никад није говорио о заједничкој раси; и Радића, који је увек искључивао заједнички „менталитет"; и, најзад Мачека, који је искрено и безазорно одбијао да Срби и Хрвати представљају исти историјски и етнички „индивидуалитет". Да говоримо само о главним идеолозима хрватства, који су добро знали осећање својих народних маса.

X

Ми смо видели да до освита XIX века није било међу Србима и Хрватима него само прогона и покоља; и да се и у том XIX веку политика хрватска кретала само у оквиру аустријанштва и католичке пропаганде са крупним заверама против православних крајева. Никад није било, према томе, кроз небројене генерације Срба и Хрвата, ни знака националне солидарности и крвног афинитета. Ето још доказа.

Кад је Србија 1804. под Карађорђем, а затим под Милошем, дизала велике устанке за ослобођење Балкана, и кад су стварали прву хришћанску државу у нехришћанском и варварском Царству на европском Истоку, ниједан Хрват није, као Словен или Хришћанин, дошао као добровољац да помогне тај устанак. У Србији су се јављали осим Црногораца, још и Херцеговци, који су дали једног славног војводу; и Македонци, који су дали две војводе; и Босанци који су дали великог песника Филипа Вишњића, тиртеја оног Устанка; и Бокељи; и Војвођани који су давали веште официре и учене саветнике; чак и Грци који су се солидарисали са својом Хетеријом, и дали Србији једног свог хероја Ригу од Фере. Само ниједног Хрвата ни од спомена! — Није дошао онамо Хрват добровољац ни кад је Србија доцније војевала 1875. са Турском, ни 1885. са Бугарском, ни 1914. са Аустроугарском! Напротив, најкрволочнији на Дрини и Церу, на фронту, а нарочито по српским селима, били су Хрвати...

Хрвати заробљеници на руском фронту у прошлом рату 1914, официри аустријске војске, међу којима је било и официра резервних, и то интелектуалаца, настојали су преко Франа Супила, који се онда бавио у Русији „у мисији", да изради како би Руси дозволили да се образује један нарочити, и посебни, „заробљенички хрватски корпус". Ово је привукло и словеначке официре да заједнички раде на дефетизму. Не само да је познати Тума уређивао сепаратистички лист, који су помагали словеначки официри, преко неког Перклеа, него је са Герлуцом учинио да су 100 официра Хрвата и Словенаца иступили из корпуса... Герлуц, уредник „Хрватског права", пропагирао је отворено одвајање Хрвата и Словенаца од Срба. Умешао се у ово и италијански конзул преко неког Пичинића и Аралице. Као што видите, већ онда, и већ онамо: једна минијатура будуће Југославије... (види „Словенски Југ" II, 29. април 1917, чланак др Јамбришака члана Југ. одбора). — А затим су заједно са Словенцима официрима радили да се прокламује и „Независна Хрватска и Словеначка", како пише сам Франо Поточњак у својој књизи *Из емиграције II*, 51. — Кад су из Русије затим отишли на Солунски фронт у помоћ српској војсци 4.000 добровољаца, скоро сви Срби, онамо су Хрвати одмах покушали да направе своју „чету Зринског", али нису били ни толико многобројни да образују ни ту једну чету!... Ово је својим пријатељима у Београду доцније казивао командант те Југословенске дивизије, генерал Воја Живановић (како пише у својој књизи др Милосављевић).

Увек одвојени у приватном и јавном животу, Срби и Хрвати одиста представљају два народа најмање слична, и најмање способна за лични додир. Овакав случај се видео само међу народима разне боје коже. У политичким борбама и у штампи, били су увек противници, ако није био посреди какав привремен и увек лабав споразум према противнику; и увек на кратки рок.

— За ово не знају Србијанци. Они ће увек бити готови да умру за Босну, а често су за њу и умирали, али никад да за њу живе. Чак ни да дадну себи труда да упознају њен живот, и његове необилазне законе.

Требало је пратити све шта су кроз пуно деценија писали за славни српски сој ти жалосни војници Рима и Беча, у пречанским земљама, откад Хрвати научише да пишу штокавски, значи на једном језику разумљивом и за оне којима су све њихове погрде управљане. Лист дубровачки, „Црвена Хрватска" Фране Супила, основан 1891, и „Народни лист", основан већ на почетку борбе народне у Далмацији, имали су наступе правог клиничког беснила против Срба, својих суграђана, у извесним моментима. А кад се 1893. год. откривао у Дубровнику споменик песнику Гундулићу (који је желео пољском краљу у свом *Осману* да на главу метне сјајну круну Немањића), приликом те свечаности су стајале, као две војске готове да јуришају једна на другу, Срби и Хрвати из околних земаља. Тако и наше омладине у Грацу и Бечу, никад нису имале никакве заједнице, него су, напротив, деценијама биле познате са својих туча по кафанама и улицама тих градова.

Жути мрави! У Хрватској је једна крв пала због неког српског чланка у „С. К. гласнику", 1903; други пут, кад је био атентат у Сарајеву, 1914; трећи пут 1918, кад је за време Преврата мучки погинуо у Загребу велики број Срба... И тако кроз деценије. Ма колико ово било жалосно у хуманом и словенском погледу, требала је српска политика унапред стајати ближе науци и историји, и добро познавати ове неразумљиве појаве националног и верског лудила, да затим не зида на оваквим осећањима заједничку кућу, у којој ће већ сутрадан наставити ово лудило, убијањем једног честитог Краља; клеветањем једног великог и витешког народа, издајством на фронту његове две српске државе, унесене у заједницу са мало памети, али и са пуно љубави; и да покољу овај пут стотинама хиљада српске нејачи. Није се могла само извртањем факата о илирству и Штросмајеру, и прећуткивањем једне свирепе историјске стварности, градити на песку једна држава, како се без нарочитих научних и моралних услова не изграђује ниједна пивара, ни циглана, ни сеоска штедионица... Није чудо што се тврди да је стари српски државник Никола Пашић казао за Југославију, какву он никад није замишљао, да је то, нажалост, брод за који нико не зна где ће најзад допловити.

XI

Постоји једно раздобље врло интересантно за „кристализацију југославизма", која је претходила непосредно оснивању државе Југославије. То је најпре оно доба које иде од анексије Босне и Херцеговине, 1908, до атентата у Сарајеву 1914. године.

Анексија је тешко погодила Србију и Црну Гору, које су за њих једине и више него једном ратовале; а тако исто српски онамошњи народ, који није никад ни престајао да диже веће или мање устанке. У Хрватској, напротив, Загреб, који је увек за себе говорио да је „царске вере", и већ одувек певао песме налик на ону Округлићеву „Ко ће тебе, мајко, хранит, кад ја одем Цара бранит", био је, напротив усхићен што је тиме коначно била пропала свака нада за Српство да заузме оне покрајине. Тако задовољени у својој нади, да ће једног дана и припојити Босну Хрватској, Хрвати су пуно „југослависали" у том кратком раздобљу, од пет година. Тада је старо југослависање прешло на омладинске покрете, на соколашка друштва, на песме и здравице, бесплатне карте на железницама, банкете чак и до далеких центара осталих Славена.

Истина, ова подмлађена идеологија је више долазила из Прага, него из Београда; и од Масарика, више него од Пашића. Балкански ратови ће још унети и узбуђења и манифестација. Истина, рат са Турском је поздрављен у круговима хрватским топлије него рат са Бугарском; и Куманово поздрављено искреније него Брегалница! Ово нарочито зато што су Хрвати одувек сматрали Бугаре својим савезницима против Срба... Али су чак и франковци показивали интересовање за даље кретање Србије, која је онда изгледала у нарочито срећном положају међу европским пријатељским државама. Бојали су се, после Брегалнице, нових аспирација у Босни. У „Москви" београдској је вечеравао понеки крупан човек „Југословен" из Загреба са српским друштвом, да се добро расмотри; виђао се међу нашим црнорукцима Аписом и Туцовићем, на првом спрату „Москве", у засебном салону, чак и др Хинко Хинковић, са госпођом. Шеф франковаца са шефом наших завереника!... Да се све добро одмери!

Али са атентатом у Сарајеву, ова веза је наједном прекинута поново.

У Загребу се демонстрирало и пуцало на Србе, кад и Беч није ишао даље од новинарских чланака. Викало се за рат. У таквој атмосфери је одиста дошло до рата, али наши политичари нису, правећи Југославију, знали како Хрвати ниједног момента нису губили из вида да је нестао Фрања Фердинанд у којег су биле постављене све њихове наде да ће остварити тријализам, стари идеал из доба Штросмајеровог. Идеал за читаве генерације оних који су веровали да Аустрија и Мађарска и Хрватска, заједно, једине чине Монархију католичким царством, чак и каква по снази није одавна била раније.

Никола Пашић није никад мислио на југославизам.

Уосталом, Пашић је већма био швајцарски демократ, него српски националац; и србијански државник, више него српски идеолог. Његове везе у Босни, Далмацији и Војводини, нису ни опажене. У Јужној Србији је текла наша пропаганда у стилу Стојана Новаковића; и др Гођевац и Лука Ћеловић су, независно од његове владе, послали онамо прве четнике, однели прве победе, а задобили тек затим званичне кругове да тај покрет прихвате и помогну. Као што је реч „наш Пијемонт" дошла од Срба са стране, тако је често наше званичне кругове, као на сну, ухватио понеки случај од највећег значења. Краљ Петар једини, ни као старац, није заборављао да је четврт века раније и сам као српски четник војевао у Босни.

У таквим моралним приликама дошла је за југославизам загребачки опет једна велика проба; ратна 1914. година.

Загреб није ни дана чекао да тај рат против Србије прими као свети рат за католичанство против православља; и рат који би, са смаком Србије, иставио Хрватску на највећу висину коју је могла пожелети, не само на питању Босне, него и по питању свега за чим је Србија раније маштала. Хрватске регименте на Дрини, у којима је био цвет Загреба, били су најогорченији војници аустријски на фронту; и нико још не заборавља све погрдне речи које су хрватски војници на адресу краља Петра убацивали у ровове војводе Степе. Овај рат у Мачви, где је Хрватска изгубила своје пукове у борби против Србије, најбоље је показао загребачки југославизам. Међутим, нисмо били у великом растојању од дана 24. новембра 1914, кад је у Нишу српска влада свечано изјавила да рат који почиње јесте намењен ослобођењу не само Срба, него и Хрвата и Словенаца...

Чак треба бити уверен да је горња порука из Ниша у Загреб, већ и првог момента изазвала индигнацију и гнев свих добрих Хрвата, који су од једног оваквог рата између велике Монархије и мале балканске државе очекивали сасвим другу ствар. Ослобођење, наговештено из Ниша, то је за Хрвате, напротив, изгледало као њихов црни петак...

XII

Европски рат, кренут на српском питању, избацио је на површину једно ново име југословенско, најзначајније у неком погледу, од времена бискупа Штросмајера.

То је био др Анте Трумбић.

Др Анте Трумбић је био сплитски адвокат и посланик у далматинском Сабору, познат као некадашњи велики присталица хрватске Странке права Старчевићеве. Изабран је као *primus inter pares* за председника Југословенског одбора, који је био за време рата састављен на страни, под видом помоћног органа Пашићевој влади Србије. У Одбору су били и неки југословенски патриоти Срби, који нису били задовољни да прошире Србију на државу Српства, значи свих српских уједињених земаља под српском круном, државу скоро велику колико и та Југославија! Они су искрено и безазлено желели заједничку краљевину Срба, Хрвата и Словенаца...

У ствари, овај Одбор је имао циљ да контролише српску владу у њеној акцији. Трумбићев Одбор је првим актом изишао да скупља добровољце из несрбијанских крајева у Југословенску легију, с тим да се она окупи у Италији, и онамо вежба оружју. Али ни речју није поменуто да је она створена да ради у смислу изјаве српске владе у Нишу 24. новембра 1918; нити да иде на српски фронт где се, међутим, водио рат за заједничку ствар! Многим Србима је онда изгледао подозрив овај Одбор, нарочито кад се чуло да је један круг хрватских патриота тражио од државног подсекретара талијанског, Де Мартинија, стварање Велике Хрватске. Хрвати нису могли замишљати своје икакво ослобођење без Рима, на који су иначе свагда бацали дрвље и камење. Вест је зато изазвала сензацију. Али како је, по несрећи, закључен био Лондонски пакт, којим се задобила Италија да уђе у рат на страни савезника, за шта су јој савезници свечано обећали велики број далматинских острва и земљишта на обали, дубоко је потресао Хрвате. Од тог момента су почели да ипак верују више у Србију, него у своју Легију, а више него и у своју дипломатију.

Било је свакако врло занимљиво за држање Хрвата у Југословенском одбору, који се најпре звао Хрватским, а тек затим Југословенским, што је већ почетком рата путовао за Петроград као делегат, познати новинар и првак Франо Супило, и онамо дао Цару руском у име представника Трумбићевог првог Одбора један хрватски Меморандум, после чега је Сазонов писао Крупенском, свом посланику у Рим, да га Његово Царско Величанство не може узети у обзир, пошто је руска влада нашла тај Супилов Меморандум несагласан са већ раније добивеним Меморандумом српског академика Љубе Стојановића, и који садржи територијалне претензије српске (*Србија и Југославија*, 53).

Архива Југословенског одбора др Трумбића није никад била објављена, осим неколико успомена Н. Стојановића. О њему је писала само једна странкиња др Матилда Паулова! Било би међутим врло интересантно испитати неке случајеве. Много се даје пореметити самим претпоставкама. Свакако, утицај др Трумбића, паланачког адвоката са малим духовним могућностима, који није био на гласу ни да је што важно написао, ни изговорио, ни урадио; али који је био несразмерно амбициозан србофоб, тежак као стена за Србе статисте у његовом друштву; и опседнут сталним привиђењима да ће га Пашић изиграти, и да ће Србија преварити Хрватску. И Хинковић је у Одбору био фаталан. Постоји претпоставка да је Југословенски одбор присилио Пашића да потпише познату Женевску декларацију од 6. до 9. новембра 1918, која би, да је одржана на сили, све тековине рата уступила, место Србији, Хрватској, која је, као што се зна, ратовала и онда против савезника, на страни Немачке и Аустроугарске, до последњег дана.

Али Пашић није пропустио да, брзо након рата, објави под редакцијом једног познатог публицисте београдског, Милана Ђорђевића, извесна документа о односима српске Владе и Југословенског одбора др Трумбића. У тој Пашићевој публикацији пише (стр. 33) да се 13. априла 1916. год. Југословенски одбор обратио француској влади Меморандумом, у којем је стајало: да о стварима Срба и Хрвата и Словенаца из Аустроугарске, мора у сваком случају и Југословенски одбор имати своју реч, а не само Србија, с којом се они слажу само у начелу; и да је Југословенски одбор легални представник целе емиграције; и једини представник Срба, Хрвата и Словенаца укупно. — У том Меморандуму је у исто време изнесен и план који треба да буде извршен на свршетку рата: уједињење у једну независну државу, али с тим да они имају главну реч, као што су то тобож одобриле све исељеничке организације. Наравно, каже један писац, да никад савезници нису Југословенском одбору одобрили ову компетенцију (в. *Србија и Југославија*).

Трумбићева је лозинка била „да је Србија пропала", и „да Србије више нема", како би ту земљу ставила на степен Хрватске. А, међутим, Србија је у почетку оног рата имала читавих својих пет милиона становника, и у балканским ратовима проширена, и са својих 87.303 квадратних километара, према малој Хрватској која се није ни разазнавала у границама туђе монархије. Интриге Трумбићеве су биле, одиста, познате у савезничким круговима у Паризу. Једном је, каже један писац, Лојд Џорџ одговорио Трумбићу да „све што чине савезници Југословенима, то чине због херојске Србије..." Трумбић, као данас Крњевић или Шубашић, никад неће разумети да су они у кући савезника потпуно „персоне ингрで", пошто се они боре за један идеал, а ови за други; дакле само уљези, које савезници подносе, благодарећи једино лошим и неразумљивим настојањима извесних Срба.

Трумбић, у једном моментu „луцидне интервале", осетио је како се ипак мора приближити српској влади, да се на тај начин приближи и њеним савезницима. Тако је постала Крфска декларација, 7—20. јула 1917, манифест о будућем државном јединству. Али је пало у очи да је са овим манифестом на Крфу, (20. јула 1917) потписана, једва мало раније (30. маја 1917), и у Бечу такозвана Мајска декларација, у којој онамошњи посланици нашег језика у Рајхстагу изјављују да Хрвати, Словенци и Срби формирају једно државно тело — Југославију, у оквиру Аустроугарске монархије, и под круном Хабсбурга... (в. *Um die Jugoslavia* од професора универз. Усеницки). — Један наш писац види везу између догађаја на Крфу и овог у Бечу (Милосављевић, И.). Исти додаје да је у оно време, и по сведочанству осијечког „Хрватског листа" од 2. фебруара 1922, из Хрватске отишло много политичара да одржавају везу са Трумбићевим одбором (Шуштерчић, Мачек, Андрић, Барац, и то у Берну, Цириху, Лозани и Женеви). Ово потврђује и Франо Поточњак у свом делу *Рапалски уговор*, стр. 32.

Али потписавши у Крфу фамозну Декларацију са Пашићем, др Трумбић је убрзо из Београда учинио да исту Декларацију нападне америчко-југословенско Народно вијеће (дон Нико

Гршковић), у својој *Отвореној ријечи*, како је Уставотворна скупштина изиграла члан 1. те Декларације, који се односи на династију, изгласавши да Карађорђевићи остају владарима Југославије. Тражила је та *Отворена ријеч* да Краљ абдицира, како би био затим и од Хрвата биран за владара!... Додаје се да је у Крфској декларацији било у том погледу само „сугестија и жеља" односно исте династије, али ништа више. Ово је значило већ одмах подрити ауторитет Круне.

Међутим ово је била неистина, јер је 1. члан Крфске декларације гласио буквално овако: „Држава ће бити уставна демократска и парламентарна монархија, са Карађорђевом династијом на челу, која је увек делила идеје и осећаје народа, стављајући изнад свега слободу и вољу народа".

Они Хрвати, који нису неколико година раније ниједном аустријском предстојнику смели учинити ни најмању ствар нажао, насрћу свим бесом на нашу славну династију. Само су наши глупаци могли веровати после овог да ова акција Хрвата против српске династије неће и до краја остати главним предметом при рушењу државе.

XIII

Овакав је био југославизам и др Трумбића на освитку југословенске зоре. Не заборавите да је др А. Трумбић прешао Радићу баш у оним данима када је овај осуо био највећу паљбу на државу коју је тобож и сам Трумбић стварао, и на династију коју је исти Трумбић први напао.

Доцније ће доћи као природна последица ове Трумбићеве акције, и Радићеви говори против Краља, и Марсељски атентат, и најзад плебисцит у исељеништву Хрвата америчких који је направио недавно хрватски музичар Владо Колић, помоћу патриотских корпорација, односно будуће владавине Петра II.

Треба знати да је дон Н. Гршковић слао своју *Отворену ријеч* после изјаве Вилсонове о слободи самоопредељења народа, која је онда пред собом потрла све одговорности Хрвата за саучесништво у рату. Онако, како то и данас сматрају Хрвати изјаве Черчила и Рузвелта о том самоопредељењу што и чини положај Крњевића у Лондону осионим и онако безочним.

XIV

Нећемо говорити о југославизму за време државе Југославије. Свако зна да за 23 године заједничког живота, није било мира у тој држави, и једна цела периода је прошла у губљењу времена, излишним и недостојним борбама, унижењима каква ниједан народ није својевољно поднео, и, најзад, крвопролићима која се никад неће брисати. Нико међу Србима није разумевао каквог је битног разлога било за та искушења, српском народу који је из ратова од 1912. до 1918. год. изишао био као победилац трију непријатеља, који су морали с њим закључити три мира на бази *vae victis*. Од Срба је зависило да себи направе државне границе на начин да би оне достизале за 2/3 територију бивше Југославије! И да ту државу уједињеног Српства нико ни етнички ни историјски не могне порећи!

Овако је Србија у државни оквир укључила у заједничку државу, на основи Штросмајеровог југославизма, Хрватску за више него једну трећину пасивну; Далмацију сасвим пасивну; границу на мору за пуних 1.000 километара дужине; а на суву безмало двоструко толико! Без икаквог нарочитог сопственог добитка. А са свим моралним и најгорим испаштањима. Да најзад дође до издајства хрватског на фронту, и покоља српске нејачи... А пре свега овог и до капитулације 25. августа 1939. год.

Ми верујемо да смо овим нашим написом нарочито утврдили да је идеја за заједничку државу између Срба и Хрвата, или била сасвим немогућна, поред историјских успомена које су они вековима међу собом имали; или бар за једно цело столеће преурањена, врло мало и недовољно озбиљно припремана, чак можда и импровизована у заносу постигнутих победа у Србији; а у очајању Хрватске, након катастрофе свих њених вековних идеала: после уништења Хабсбуршке монархије. Ми смо на другом месту већ истакли: држава, то је пре свега један духовни појам и једна душевна творевина; зато ако држава није национална, значи производ националне идеологије, она представља само једно велико предузеће, али не и једну државу.

Тако је југославизам био за Хрвате оличење православља, балканизма и ћирилице; а за Србе је био антитеза Српства, преверавање, и ренегатство наспрам свих великих традиција светосавља: немањићске идеје о заједници државе и нације и цркве у једном и истоветном моралном појму... За Хрвате је југославизам био великосрпска замка, политичка перверзија, балканска урота против католичке цркве, Хрватског државног права, културе западњачке, и смисла о реду и законитости. Законитости какву је познао хрватски народ, иако често понижаван, у Хабсбуршкој монархији, која је ипак представљала једну од најсавршенијих администрација, и једно од примерних правосуђа европских.

Да се направи југословенска држава, требало је направити југословенски народ, и имати југословенски језик. Али су Хрвати били врло национално искључиви, а Срби и одвећ богати својом традицијом велике државе и царства, које су у нека времена биле прве државе на Балкану; и својом народном културом, средњевековног књижевног живота, сликарства, песништва; били су опијени и новим тек јучерашњим победама, које су их у целом свету биле прославиле. А језик су звали једни српским, а други хрватским. Кад се још узму у обзир међусобна вековна нетрпељивост, верска разлика, културни менталитет, онда се такво нивелисање и амалгамирање није могло ни замислити као остварљиво овако неочекиваним државним спајањем никад и ничим неприпреманим, а чак и непредвиђеним.

Хрватски вођи су бојкотовали изграђивање Видовданског устава, којим су могли добити сва права која су хтели. Већ се добро знало да су они некад у Пешти имали неког тобожњег министра без портфеља, а у Београду су имали право да у свакој влади имају својих шест министара, и то са портфељима... У једној влади Давидовићевој одмах на почетку имали су Хрвати својих седам министара!... Затим су имали председника парламента свог Хрвата, а то је ранг председника владе. Уосталом, није било никаквог закона ни да Хрват не постане и председником министарског савета. — У дипломатију су онда слати и Хрвати и Словенци макар и са тешкоћама што нису познавали довољно француски дипломатски језик. У Београду је била борба око чиновничких положаја, али само између кандидата, иначе ниједна влада није правила ни квоту ни питање око тога откуд је који чиновник долазио. Утакмица је престала тек кад је Загреб стао потпуно на ратну ногу против Београда. Не може се одиста прекор правити Београду да је био ни првих година себичан. Стакло на које су загребачки политичари гледали било је укаљано, и ствари су добијале нечист изглед и кад тога ни најмање није било. Међутим, да бојкот против државе није спровођен на основи таквог битног питања, као што су положаји, Радићева пропаганда не би ни онако брзо захватила све кругове онамошњег друштва. Хрвати су то добро знали.

Трећи елемент у држави, Словенци, држали су и сами до свог националног индивидуалитета колико и они други. Прва њихова брига је била да добро подвуку како њихов језик, језик на ком су писали један Цанкар и Зупанчић, није дијалекат српског или хрватског, него посебни национални говор. Створили су затим и свој сопствени универзитет, који раније нису имали, а затим и Академију наука. Све ово стога да се не би утопили у идеји југославизма, о чему се толико говорило. Због овог су Словенци били пример партикуларизма, и више сметали него везивали. У крвавој игри Срба и Хрвата, за 23 године државе Југославије, ови културни, мирни и позитивни Словенци, остали су цело време код себе, не мешајући се у спор, не зовући браћом Србе, али нарочито никад ни Хрвате (који, напротив, сматрају Словенце „горским Хрватима"). Словенци су остали овако међу нама 23 године скоро више као поштен ортак у једном заједничком послу, него као трећи брат у заједничкој породици.

Последњих година је југославизам изгледао само идеја министарска и режимска. У име његово су направљена многа насиља и безакоња. Он је добио изглед више званичног патриотизма диктаторских режима, него што је представљао ствар савести једног свесног и просвећеног грађанства. Више политичка мера и дужност, него национално гледиште и уверење. Југославизам је постао и један артикал за извесне клике, и имао своје тржиште, берзу, спекуланте и берзијанце. Њега је власт немилосрдно бранила и кад га нико није више ни нападао, нити се о њега нарочито грабио! Од оног дана откад је југославизам постао доктрином разних режима, он је постао тегобан и сумњив и за Србе, који су ову утопију платили великим националним губицима и неизмерним срамотама.

Југославизам је идеологија без свог идеолога; идеал који је, као што смо видели, поникао из интриге; утопија која је потисла и онемогућила идеју; закон који је брањен безакоњем. Југославизам ће у нашој историји бити синоним диктатура, за које је од првог тренутка био тесно везан.

Ако је српски народ радо прихватио нову еру 1918, нову државу, и нове држављане, о којима је знао већим делом само по чувењу, то је зато што је веровао ондашњим својим државницима, који су водили три победилачка рата; али не слутећи колико су и они били изиграни у Паризу и Лондону, махинацијама Трумбићевог и Хинковићевог Југословенског одбора, у којем је било неколико српских чланова, малог калибра; и који је уносио неред и пометњу у све српске националне и расне основе; са упорношћу и безобзирношћу које су добијали од хрватских чланова тог круга, много јачих не само у интриги, него и у уверењу и правцу какав су желели: увек бирајући антитезу против тезе, реакцију против акције, сплетку против идеала.

Али српски народ није знао да ће у новој држави постати странцем у својој сопственој кући. У свом словенском и патријархалном схватању крвне и расне везе, он није веровао да ће се у тој кући наћи међу завереницима против свих његових заветних светиња, међу дојучерашњим туђим војницима, које је он побеђивао, да га они затим оклеветају и обешчасте међу европским народима у чијој је средини он дотле био и велик и славан.

Али ни то није све. Српски народ није ни знао да са новом и заједничком државом он узима на себе обавезе које су премашале све његове могућности, а у замену ништа не добијајући од двеју осталих група у тој заједници. Југославизам је био странпутица и беспуће, вратоломија и самоубиство.

XV

Српски народ, а то је не само Србија, него и цело уједињено Српство, место да се 1918. формирало у једну огромну и етнички хомогену групу, и следствено у једну велику државу, примило је на себе дужност да пристане на границе Југославије које су само на мору имале дужину од ништа мање него 1.000 километара од Сушака до Улциња; а на суву, двоструко толико, од Ђевђелије до Крањске! За одбрану онолике обале, требала би једна прескупа ратна морнарица какве од великих сила, а какву ми никад нисмо могли ни замислити са нашим малим буџетом. За одбрану сувоземне онако бескрајне границе, требала је тако исто војска једне велике силе, са оружањем, које је изискивало огромне трошкове, и за набавку и за уздржавање! Са илузијама да ће наши ондашњи побеђени непријатељи остати целог века и даље обезоружани, ми смо наивно веровали да ће херојство српско, помогнуто патриотизмом хрватским и познатом отпорношћу словеначком, бити гаранција мира довољна и за цео европски исток.

Ово је била једна кобна обмана. Југославија са таквим границама, и са онаквим буџетом, била је, дакле, од првог момента један политички апсурдум. — Француска је, на пример, са две стране ограничена великим планинским ланцима, Алпима према Италији, и Пиринејима према Шпанији; а с југа морем, где је могла у изванредним лукама држати флоту према њеном онда најбогатијем буџету на континенту; а са запада је граничила океаном који су западне државе по природним законима њиховог положаја, требале увек да заједнички бране морнарице двеју савезничких држава (а не само једна од њих). Узимам овде за пример само питање граница ове једне европске државе, која је имала срећу да према Немачкој, главном непријатељу, има једну једину границу отворену. Скоро не ни већу него што је такву границу имала бедна Југославија према тој истој Немачкој, 1941. године!

Већ само овакво питање будуће државне границе било је довољан разлог да се идеал уједињења сматра веома компликованим. Скупштина у Нишу је 1914. објавила да ће Србија ратовати и за ослобођење Хрвата и Словенаца, верујући да ће то ови радосно поздравити, али ни оног дана у Нишу ондашњи државници нису тим мислили и на уједињење, које је већ много сложенији проблем, као што се видело и на другим примерима европских држава. Србија је узимала обавезу да и својом крвљу брани сутра, и то против две велике силе, своје нове сусетке, Немачке и Италије, западне границе, дигнуте већ до Триглава и до Муре! Зар то није био апсурдум.

Питамо се да ли се ондашња наша влада питала: шта Срби у замену и сами добијају за такву тешку обавезу против великих сила? Како таквој обавези одговара хрватски и словеначки унос у тај општи капитал, у то заједничко државно остварење? Скоро ништа, ко имало познаје истински случај са овим питањем. У војничком погледу (на шта је Србија највише полагала), нико није смео мислити да ће са осећањима која су Хрвати увек имали према Србима, а нарочито оним са каквим су ушли били у државну заједницу, и са мешањем католичанства и аустријанштине, битних духовних оријентација хрватских, икад Хрвати гинути уз Србе, ма на којем фронту, и према којем било непријатељу. Већ првих дана уједињења, Хрвати су врло искрено у Загребу истицали да се никад не би борили за српске границе у Јужној Србији или на Тимоку.

Уопште, ни о каквим заједничким херојствима нису Хрвати дали да се говори широм целе њихове земље. Они су окретали чак на смешно српску ратничку историју, славу српске војске, која је била слављена као херојска и од свих непријатеља, а не само од пријатеља. Не признавајући да је ишта Србија допринела ослобођењу њихове земље, један хрватски министар, др Крајач, повикао је једном цинично у Скупштини, и то кратко након уједињења: „Реците нам колико кошта та крв коју сте пролили за Хрватску, да вам је платимо..."

Никакве ни економске користи није имала Србија, ни српски народ око ње, удружујући у заједничку државу богате српске земље са пасивном Далмацијом, пасивном Словеначком, и за 1/3 пасивном Хрватском... Никакав њихов производ, ни природни ни индустријски, није био Србији неопходан, пошто је српска земља имала све исте природне производе и сама у изобиљу; а индустријске је могла јефтиније набавити из Мађарске и Италије. Међутим, Хрватска своју индустрију није могла продати ни у Италији, ни у Мађарској, пошто су обе индустријски богатије; а могла их је продати само српским аграрне.

Тако треба разумети цветање индустрије хрватске, и дизање Загреба до велеграда, пошто она земља није рађала више под управом Београда него под управом Пеште и Беча... Тако и разумевајте изградњу Сушака, и велики процват Сплита. — Међутим, Хрватска није престајала са кукањем да је покрадена, ни онда кад је српска Војводина, једна од житница Европе, сама плаћала 52% целокупног државног пореза. Штавише, Хрватска мало што није упропастила државу већ сутрадан по нашем уједињењу, са лакоумношћу која је превазилазила и сав цинизам ондашњих хрватских вођа.

Већ првих дана је Загреб позивао народ да не иде у војску. За аграрну реформу, коју је Београд дрзнуо да решава (иако то никад нису хтели ни Мађари, ни Аустријанци, ни Турци, и која је увек непопуларна ствар), Хрвати су објавили своје протесте са највећим клеветама против Срба. И онда када је ту реформу спроводио Павле Радић!... На све европске конференције које су се где држале у оно време — у Паризу, Версају, Трианону и Рапалу — из Загреба су ишли меморандуми тражећи хрватску републику. Радић се у младости казивао Југословеном — чак и Србином, сматрајући, иако нетачно, да су то два имена истог народа. („Ја сам Србин који говори хрватски", викао је једном приликом овај љубитељ каламбура.) Али у 50. години је пошао да руши монархију, и ствара републику у којој би он постао председником. — Духовни бојкот Загреба против државе, био је нечувен. Радић, који је певао химне Фрањи Јосипу за живота Царевог, одржао је један плачеван некролог у Сабору кад је дошла вест о Царевој смрти; и заједно са осталим члановима Сабора гласао да му се у Загребу дигне споменик...

Повика из Загреба против неспособног чиновништва и корупције, било је стварно само повика која је постојала свугде по Европи после рата, повика против општег зла.

Хрвати су бојкотовали државни зајам, а последица тога је био пад наше валуте, и милијардама губитка. Хрвати су бојкотовали и правовремено изграђивање железница, што је нанело такође огромне штете, и још већи пад валуте. Али не само огромне штете Србима, на које се гађало у њиховим богатим крајевима, него и против Хрвата, у њиховим убогим земљама, неразвијеним и пасивним... Промена њихове аустријске круне у ондашњу државну монету, српске динаре, у сразмери 1:3, направило је једну незакониту трговину са нашом валутом, јер нису мењане само употребљаване и прљаве хиљадарке хрватских сељака, него и вагонима новоувезене кријумчарене хиљадарке загребачких банкара, из Darling и Беча преко Муре у Хрватску.

Правећи овакву саботажу држави, Радић је био окривљен и затворен (уосталом врло неполитички, и доста ступидно), али кад се он вратио затим у ондашњи радикалски Београд, прва му је мисао била да оде да благодари Краљу, и ушао у Двор пољубивши, на очиглед свију, десни стуб Дворских врата. Србијанци су ово сматрали својом победом. Међутим, нешто доцније, исти Радић је тражио од чланова своје велике странке да нико не оде на откривање Штросмајеровог споменика у Загребу, како се не би правила забуна између његове политике, искључиво деструктивне, и Штросмајеровог југославизма, тобож конструктивног.

Др Влатко Мачек је пошао истим путем, кад је, пре мало година, тражио да промени своје име Југословенска академија наука у Загребу, коју је тако назвао Штросмајер да би је направио бар њеним самим именом, ако не и значајем својих академика, централом на југу словенском. Мачек је тражио да се не зове више Југословенском академијом, него Хрватском. — Додајмо овој историји југославизма загребачког још један факат. Кад су 9. априла 1940, неки поштоваоци Штросмајера хтели дати опело у Загребу за спомен 35-годишњице смрти ђаковачког добротвора, монсињор Степинац, бискуп загребачки, тог се дана нашао на путовању, да не би узео учешћа у прослави Штросмајера, чије се име доводило — иако погрешно — у везу са југославизмом, главним принципом државе Југославије.

У таквом расположењу Загреба према држави Југославији, дошло је дакле и пролеће 1941, кад је требало највеће духовне заједнице међу члановима једне државе, па поћи заједно на границу против непријатеља. И то не непријатеља Бушмана и Хотентота, или Лапонца и Самоједа, него Германа, који је у Загребу свагда имао пријатеље; и против Италијана, које су Хрвати увек мрзели, само зато што су их ови презирали. Хрватски официри су били већ спочетка спремани за прелазак непријатељу на фронту чим се овај буде појавио. Само су врло слаби мозгови међу Србима могли веровати да хрватски официри стоје срцем ближе Београду него Загребу, и српској војсци ближе него својим онамошњим породицама.

Да је неко запитао творце Југославије у Паризу (изузимајући Трумбићев Југословенски одбор), да ли би пристали на државу која би онако доживела издају на великом делу свог фронта, и у првом окушају југословенског патриотизма; а затим још и покољ пола милиона српске нејачи, не верујем да би се онда ико био решио на такву свирепу авантуру, као што је био 1. децембар 1918.

ФЕДЕРАЛИЗАМ ИЛИ ЦЕНТРАЛИЗАМ

ИСТИНА О „СПОРНОМ ПИТАЊУ"
У БИВШОЈ ЈУГОСЛАВИЈИ

РАСПОЛОЖЕЊЕ ПРЕ УЈЕДИЊЕЊА

За велики број година бивше Југославије страни свет је веровао да је раздор у нашој држави имао карактер идеолошки и историјски, више него морални и културни. Наиме, да су се Срби борили за централизам, а да су Хрвати упорно стајали на свом принципу федерализма. Међутим, ово је било апсолутно нетачно, бар што се тиче хрватског федерализма. И ову заблуду морамо отклонити. Такве тврдње су кроз четврт века ширене из Загреба да се тиме погађа Београд, кад су Хрвати желели да га представе престоницом једне источњачке државе, која и не зна за савремене системе управе. — Хрватски чланови лондонске Југословенске владе, тврде и данас, 1942. год, у свом Меморандуму, како су Хрвати узалуд покушавали раније задобити и Хабсбуршку монархију за федералистички систем, сећајући се ваљда једног пролазног геста свог Сабора из 1848. Овим начином подметања и лажних легенди, ишло се затим да се пред демократском Европом омаловажи Београд, као град тобож источњачки, према Загребу, тобож западњачком.

Наш је циљ да овом књигом покажемо како су Хрвати били у Југославији далеко од сваке идеје за федеративни систем, друкчије него само из тактичких разлога; и да су, напротив, од почетка радили једино на свом цепању од те заједничке државе. Њихов циљ је јасно казао сам др Мачек, кад је једном у француском часопису („La Voix Europeene", бр. 2, децембра 1936) изјавио (у свом такозваном „месажу" француском народу) како је Француска ставила у тешко искушење хрватски народ, почевши још од пре краја рата и прелиминара мира, подржавати на истоку Европе „само она решења која су ишла на уштрб хрватског народа". У овом напису Мачек је објавио Европи и како у Југославији не постоји само један народ, него „више народа, и више културно-економских територија". Мачек додаје да он ову поруку шаље просвећеном француском народу у име свог хрватског народа.

Из овог се види свагдашње уверење хрватских политичара да су Срби, по угледу на Француску, узели свој централизам за југословенску државу, а не говорећи да је тај централизам, напротив, поникао из једног вековног осећања правног и искуства историјског самог српског народа, још од постанка његове државе у Рашкој почетком IX века! Чак кад је са централизма прешао, после Душана, на аутономије, држава је пропала. — Мачек је ишао и даље. Он је овај „месаж" допунио у лето исте 1936. бугарским новинарима у Купинцу, изјавивши се, поводом једног смелог говора његовог делегата на неком банкету удружене опозиције, Жиге Шола, о „посебној територији" за Хрватску, која је, уосталом, теза самог Мачека: борба за народне индивидуалитете. Ово се, очевидно, односило на једну историјску и етничку територију, а не на федеративно уређење целе државе, на основу њених геополитичких прилика.

У сваком случају, никад Хрвати нису желели, друкче него тактички, једну Југославију чија би престоница била Београд, српска већина главни део народа, православље главна вера у држави, и нарочито, српски краљ поглавар овакве заједнице! Хрвати нису могли ни замислити да се некад доцније боре у таквој држави за своја посебна грађанска права (а сваки народ природно има своја посебна права), са једном српском расом, чија је војска решила питање Турске у Европи, и Бугарске на Балкану, и Хабсбуршке монархије на европској карти. Оваква илузија са Југославијом, није никад постојала у памети хрватској. Од времена стварања народних хрватских странака, у доба Старчевићево и Штросмајерово, Хрвати никад нису спремали свој народ за друго него за једну аутономију „под жезлом хабсбуршке династије". Ово начело су две странке, Правашка и странка Унионистичка отворено истакле и у свом програму. И трећа, Самостална странка је била за унију са Аустријом. — Таква жеља се манифестовала и свагда доцније у разним изјавама јавности и у честим порукама самом Цару те Монархије. Словеначки вођ Шуштерчић је и 1911. год. објавио да Словеначка жели само уједињење под Хабсбурзима, као што је и други шеф словеначки, Корошец, још у јануару 1918, отвореним писмом аустријском министру председнику, изјавио своју крајњу оданост хабсбуршком дому и држави. Уосталом, довољно је имати на уму познату Мајску декларацију од 30. маја 1917, када су југословенски депутати у Бечком парламенту изјавили да „све земље словеначке, хрватске и српске у Монархији, желе на основу Хрватског државног права (!) и начела националности, једну самосталну државу под жезлом хабсбуршке династије..." Словенци радо помињу ову Мајску декларацију као заслужно југословенско дело Корошца, и како је 200.000 словеначких жена писмено манифестовало за ту Декларацију. Међутим, идеја југословенског јединства, о којој се толико говорило, није одиста ништа добила овим усхићењем за хабсбуршко жезло.

Хрватски народ показивао је овакву верност и мађарским краљевима и аустријским царевима, наизменично, и како је кад требало. Хрватска политика састојала се кроз векове из једне велике правне парнице са више врло незгодних парничара, разних „пакта конвента", „јус муниципалија", „прагматичних санкција", „октобарских диплома", „фебруарских декрета", итд, за које београдске режимлије нису имале никад ни најмањег интереса. — Треба знати и хрватски менталитет, да се разуме до које је мере тај народ различан од српског народа, којег називају, због словенске заједничке расе, његовим рођаком, а због заједничког језика и братом. Хрвати су у својој историји до сада пет пута отворили широм своја врата позивајући странце да заузму њихову земљу, да их заштите. Први пут, кад су после убиства Звонимировог у Книну, сами позвали мађарског краља Ладислава II, да дође и заузме Хрватску. Други пут, кад су 1527. позвали аустријског цара Фердинанда да Хрватску прими у своју Царевину. Трећи пут, кад су сами предали све прерогативе свога краљевства 1790. год. другоме, преносећи их на Мађарску, што њихови историчари, као Шишић, сматрају губитком Хрватског државног права и независности, значи формалним преласком Хрватске као обичне провинције у државу Мађарску. Четврти пут, кад су тражили 1. децембра 1918, у Београду, да буду примљени у једну заједничку државу са Србима. И најзад, пети пут 1941, када су пред Хитлером и Мусолинијем отворили широм врата на својој отаџбини Југославији, да ови несметано уђу унутра.

Али Хрвати нису никад престали да ипак сањају о обнови своје независности. Они су толико говорили о Великој Хрватској да је она порасла у имагинацији тог народа до величине некадашњег Римског царства или данашње Велике Британије. Они су у XIX и XX веку добили чак и амбиције да постану стожером свих

Јужних Словена у једном културном и политичком груписању око Загреба.

Одиста, ова је Велика Хрватска у једном моменту била и далеко од тога да изгледа само као празан сан.

Један велики идеолог за тезу уједињења Јужних Словена, постао је најзад и један Хабсбург, наиме, херцхерцог Фрања Фердинанд који је погинуо у Сарајеву 1914. год. У то доба један енглески историчар и публициста, Сети Ватсон, био је објавио своје фамозно дело на немачком језику, у којем је обраћао пажњу аустроугарском Монарху да или реши федеративно своје питање државно, ставивши се на чело Југословена у Монархији, или ће, у противном случају, Карађорђевићи, који су онда дошли на престо, предузети овакво вођство у средишту балканских Словена. Одиста, са Јужним Словенима у монархији Аустроугарској, била је ово за хабсбуршког Цара једна идеја сасвим изводљива. Он је међу својим поданицима имао три милиона онамошњих Срба, три милиона Хрвата, и најзад два милиона Словенаца на Сави и Истрији. Значи, један снажни блок, који би, наслоњен затим на северније словенске земље, Пољску и Чешку и Словачку, постао чак главним темељима такве једне обновљене феудалне државе. Словенски проблем, решен у Хабсбуршкој монархији, привукао би природно, мислили су многи, и околне словенске земље на Балкану. Овакво решење представљао је, опет природно, план једне Велике Хрватске, значи окупљање Јужних Словена око Загреба, а не око Београда. Овоме је требало да послужи и анексија Босне и Херцеговине.

За ово је требало да послужи и теза о „линији Земун-Котор", као граници Истока и Запада. Све што је источно од те линије, припада сфери балканских Словена, а све што је западно, припада хабсбуршким Словенима. Ова идеја коју заступају Хрвати, није хрватског порекла, макар што је они, по свом обичају, протурају као своју. Не само да је ова стара теза аустријска, него чак и византијска, управо римска, из времена поделе Царства на Источно и Западно. — За ову тезу је радио и др Корошец, како неки мисле, не из националних словеначких разлога, ни из љубави за Љубљану, него као клерикалац: он је знао да „линија Земун-Котор" није само линија између западњака и источњака, него и линија између католика и православних, зато би таква линија, једном коначно засечена, значила оставити на западном делу више католика, него на источном православних. И Мачек је због овога, долазећи за вођу, говорио такође да је Дрина граница између Хрвата и Срба!

За Хрвате је, несумњиво, била главна ствар да је „линија Земун-Котор", била постала једног момента и идејом хабсбуршког Царства, што показује да Хрвати нису баш ни сасвим зидали на песку, макар и не мислећи на све последице ове њихове грандоманије. Надвојвода Фрања Фердинанд је у Загребу године 1909. тражио у свом говору, да Хрвати треба да још једном остану верни, а да ће, када он дође на престо, он исправити погрешке које су Хрватској почињене. Ово се најпре односило на Мађаре, које надвојвода није волео, а затим на Србе у Хрватској и Босни, које је он мрзео зато што им је приписивао иредентизам. — Због свих ових изневерених очекивања, Хрватска је на крају 1918. год. осетила своје истинско помрачење: погинуо је био надвојвода, који је чекао да он постане царем, да би од Загреба направио трећу престоницу, главни град својих осам милиона Јужних Словена. И пропала је несрећним ратом велика католичка Хабсбуршка монархија, која је била постала њиховим избором најбоља тврђава њихове вере, са још и том опсесијом да су Хрвати са баном Јелачићем спасли 1849. хабсбуршки престо, и тиме добили извесна преимућства међу народима у Монархији. — А на место свега овога, дошла је победа Срба, Срба које је и сам бискуп Штросмајер 1884, након окупације Босне, назвао главним непријатељима Хрвата.

Било је фатално ипак за те исте Србе што њихови београдски политичари, који, иако су хтели да Хрватском владају као диктатори и ослободиоци, нису ни до последњег тренутка знали право осећање Хрвата на њиховом ступању у заједничку државу Југославију. Не би бар толико говорили о ослобођењу!

Постојале су у једно време, као што се види, бар наизглед, сасвим остварљиве такве илузије о Јужним Словенима сконцентрисаним у Хабсбуршкој монархији, у једном обновљеном феудалном царству, у једној држави католичке вере и римског права. Али се није узимало у обзир какво би било држање Срба са таквим самовољним извршењем њихове заветне идеје, која је већ неколико деценија имала своје жариште у Београду. Ни сам надвојвода Фрања Фердинанд није био позван за овакво остварење. По духу прек и насилник, и због таквог карактера omražen и међу самим Аустријанцима, а још више међу Мађарима, он би тај свој тријализам убрзо претворио у стари „бечки апсолутизам", још из времена Марије Терезије и Јосифа II, или у терор младог Фрање Јосифа, кад се још ни тада није престајало у Хрватској са бацањем тога народа из германизације у мађаризацију, и обратно, све док српска војска није једног дана закуцала на та црна врата.

Очекујући из Беча на поклон овакву своју готову Велику Хрватску, нису Хрвати ни крајем европског рата могли сањати о каквој другој држави, која би била југословенска са престоницом Београдом. А, према томе, нису они сањали ни како би у таквој новој својој држави могли са својом браћом завести и федеративан систем за њену управу и на општу срећу. Федеративни систем са Србима и православцима, које су већ два века прогонили, и преверавали, и клали! Хрватска је у основи земља вечитог средњег века, са свештенством које је раније вековима презирало свој народни језик, и са племством које је одувек било састављено од странаца и изелица. Хрватска је још у доба Фрање Јосифа и сама говорила латинским језиком, макар он и био више језик из молитвеника, него из Сенеке. Зар је таква земља могла носити собом на Балкан модерни принцип федерације, или уопште какве друге модерне идеје о држави?... Хрватска се борила вековима, а нарочито од 1790. год. за аутономију у Монархији, што је она увек називала борбом за своју независност, али се она никад није борила и у Југославији за аутономију у њеном оквиру, макар што је она то понекад истицала. Хрватска се, напротив, устезала да се бори за ма какву форму државе и систем управе, који би од стања у Југославији можда довео до неког устаљеног живота и нормалних прилика! Они су се, што треба признати, отворено борили за своју независност, али овај пут не само за своју аутономију! Хрвати су стога од почетка до краја радили на разорењу те државе, како би сигурније дошли до признања своје посебне индивидуалности националне, и, с тим у вези, и логично, до своје „посебне територије", о којој је толико говорио и др Влатко Мачек, „федералиста".

БРАЋА СРБИ И БРАЋА ХРВАТИ

Од оног студеног децембарског јутра када су дошли из Загреба у Београд 23 делегата да прогласе заједничку државу са браћом Србима, то су били изасланици Хрватског народног вијећа, пошто хрватски Сабор није слао своје делегате, а Стјепан Радић је био у хапсу. До тога момента Срби и Хрвати нису имали међу собом друге споразуме осим Крфске декларације од 22. јула 1917, којим се било утврдило једино решење о заједничкој држави и заједничкој династији, а без тачног помена о будућој форми државе. Није још било говора ни о централистичком ни о федералистичком систему будуће Југославије, али, како је одмах примећено, није била затворена могућност ни за једно ни за друго.

Међутим, Хрвати су већ и за време рата покушали да лагано одступе од Крфске декларације.

Ово је било нарочито очевидно кад је др Анте Трумбић, шеф Југословенског одбора у Лондону, покушао да задобије Пашића и савезнике, како би тај Одбор, којем је он председник, био признат као правни међународни фактор за питања која се односе на све југословенске земље у бившој Аустроугарској монархији.

Није била овом жељом повређена Крфска декларација у њеном формалном делу, него у њеном духу, тј. у погледу поверења према српској влади. Намера др Трумбића била је да Југословенски одбор представља пред савезницима неку посебну владу, равноправну са владом Србије, и да њеној акцији председава он лично. Трумбић није имао на уму да у југословенским земљама Аустроугарске монархије нису само Хрвати ни Словенци, него и Срби, можда у истом броју; а Србија која је водила рат најпре за ослобођење Срба, није могла поверити будућу судбину њихову Трумбићу и његовом Одбору, људима сасвим случајним. Али је, у сваком случају, већ и сам овај Трумбићев покушај показивао српским државницима, нарочито Пашићу и Протићу, да ће са идејом јединства ићи много теже него што се то и помишљало приликом закључивања на Крфу споразума о заједничкој држави.

Када је већ 2. новембра 1918. Аустроугарска војна команда тражила примирје, и исто одмах добила, већ је био направљен један продор у зиду Хабсбуршке монархије. Чехословачка је била без крви и борбе прогласила своју независну републику 28. октобра 1918, а та њена независност била је одмах и призната, зато што су се чешке легије бориле за ослобођење, макар изван граница своје отаџбине; и што су чешки политичари већ од почетка најактивније и врло искрено сарађивали са савезницима. Масарикова држава ће одиста и на Конференцији мира имати међу савезницима изузетан положај са овим великим човеком, чак много бољи него и положај многих других и заслужнијих држава.

Још пре од свега овога двојега, цар аустријски и краљ мађарски, Карло, није имао више никаквих илузија о исходу рата, а на дан 16. октобра 1918, објавио је био Манифест народима своје државе да ће им он свима дати аутономију: када буду организоване у независне јединице, како би затим ступиле у једну будућу његову федеративну монархију. Овај *cri de detresse* дао је повода његовим народима да се одмах образују у посебне јединице, под нарочитим привременим управама, а са нарочитим намерама. Овај Манифест је већ јасно показао да је то био крај некад најсилније феудалне монархије.

Покрајине југословенске образовале су и саме таква своја локална Народна већа по имену самих покрајина, и то у Љубљани, Загребу, Сплиту, Новом Саду и Сарајеву, који су се споразумели међу собом да у Загребу буде Врховно народно вијеће (што се у Загребу протумачило на сасвим буквалан начин). Загребачко поменуто Вијеће употребило је ову прилику да мало дана после тога објави и своју посебну загребачку владу, а све друге покрајине југословенске прогласи деловима једне Југославије, чија ће будућа престоница да буде Загреб, једини центар „троимене браће" после бродолома њихове старе Монархије.

Треба знати да је већ много месеци раније, 8. јануара 1918, Вилсон био објавио 14 својих тачака о слободи и самоопредељењу, подједнако за победиоце као и за побеђене, како би нова Европа ставила крај старим историјским груписањима, која су била дела старих насиља, ратова, освајања. Члан 11. је гласио да ће Србија и Црна Гора добити натраг своју независност заједно са изласком на море, а чланом 10. изјављено је да ће народи у бившој Аустроугарској уредити своју слободу на принципу самоопредељења и аутономија. Ово је и Лојд Џорџ потврдио у парламенту, свакако без страха да ће се овим обећањима о аутономијама користити цар Карло, ако буде покушао какву обнову своје Монархије. А како је пораз непријатеља изгледао све вероватнији, Вилсонова 10. тачка о слободи и самоопредељењу, дала је Хрватима уверење да их ово разрешује од Крфске декларације, ако се зато укаже потреба. За евентуално одрицање од Крфске декларације било би довољно бацити одговорност на Трумбића и његове другове, који нису ни имали мандат самог хрватског народа за такав споразум.

Ово слободно располагање својом будућом судбином, благодарећи Вилсоновом принципу о народностима, дала је Хрватима уверење да треба извршити једну ревизију односа са Србима, који су били и двоструко већи и стоструко славнији, и да им се одузме водећа улога у судбини југословенских народа у бившој Аустроугарској монархији. Док Аустроугарска није још била до 2. новембра 1918. затражила примирје, и док се још хрватски војници налажаху на фронтовима против савезника, Хрвати су били уздржљивији, али је са тражењем примирја, њихово осећање обавеза према Србима постало много неразговетније. Истина, Хрвати нису прекидали везе са Србима у правцу својих Крфских закључака, али је Вилсонова идеја скоро вратила питање хрватске будућности на оно место на којем се налазило и пре Крфа. У Женеви је октобра месеца исте године основана Југословенска демократска лига, која је донела извесне закључке уставног карактера, и која је затим имала важног учешћа у даљим односима Срба са њиховом двојицом браће, нарочито за време једне конференције која је тада одржана у Женеви.

Да је Крфска декларација имала једну сумњиву вредност при крају рата, као већ и после Вилсонових тачака, најбоље се видело приликом стварања Женевске декларације, која је потписана 8. новембра 1918, показујући један од најчуднијих случајева у историји српских дотадашњих уговора. Према овој Женевској декларацији, српска влада задржава за себе и даље компетенцију за Србију, а Врховно народно вијеће у Загребу постаје (као што је раније узалудно тражио за себе Трумбић са Југословенским одбором) врховни орган за југословенске крајеве у бившој Аустроугарској монархији... Српска влада и Врховно народно вијеће именују једну делегацију од шест чланова, која је названа њиховим заједничким министарством, и чије ће седиште бити у Паризу, са надлежношћу за војску и финансије, и да води посао око будућег народног уједињења. — Зачудо, ову је Декларацију потписао и председник српске владе Пашић, који је на овој конференцији био први делегат свога кабинета, заједно са др Маринковићем, Драшковићем и Трифковићем, док су загребачко Велико вијеће представљали нарочито овамо послати делегати др Корошец, др Жеријав и др Чингрија. Јер ма колико да се зна да је Пашић ову Декларацију потписао са зловољом, остаје непознато како је он уопште тада потписао оно што је раније одрекао Трумбићу да уради... Је ли знао да овакав споразум мора пасти сам од себе? Да ли је мислио да га неће прихватити његова српска влада на Крфу? Или је веровао да ће ту Декларацију одбити савезници?

Одиста, догодило се обоје. Српска влада на Крфу одбила је Женевску декларацију, а француски министар Стефан Пишон је није прихватио, сматрајући је изнуђеним актом. Из солидарности са својом владом, Пашић је затим дао оставку, да га на повратку у Београд на челу новог кабинета заступи његов главни пријатељ Стојан Протић. Извесно, да ова Женевска декларација није овако била одбијена на време, све заслуге Србије биле би пренесене на Хрватску, која је, међутим, ратовала са сасвим другим идеалима и за сасвим други циљ. Што се тиче самог држања Пашићевог у овој прилици, изгледа да је он, потписујући Декларацију, овако поступио заобилазно и недиректно, али свесно и намерно, као обично, да извесне тешкоће избегне без заплета, без узалудног сукоба, и без даљих компликација.

Хрватско народно вијеће није се много обазирало шта мисли и намерава српска делегација код савезника у Паризу, ни српска војска која је била на Солунском фронту, ни српска влада која се налазила на Крфу. Хрватска *fara da se*! Хрвати су до Женевске декларације поступали као народ којем припада једна велика водећа улога. Хрвати, не дозвољавају да други располаже њиховом судбином, зато што су победиоци, они узимају на себе и бригу оних који су им блиски по њиховој верности за Аустрију и Мађарску, пошто се и њихова деца боре уз Хрвате на истом фронту. Као што напред поменусмо, Хрватска је створила у Загребу своју националну владу и своју загребачку Југославију. И то по њеном мишљењу, са истим правом са којим би то сутра урадила и Србија у Београду. Долазећи у Београд 1. децембра 1918, Хрвати су стога дошли с уверењем, да као што Срби имају Србију, и Загреб има своју Југославију, коју је бар прокламовао!... И да стога, говоре као раван према равном.

Прва нота те загребачке југословенске владе упућена је била српској влади да српске трупе не прелазе Саву и Дунав, а затим је тражено од савезника признање за ову загребачку Југославију, са њеном престоницом у Загребу. Хрватско народно вијеће није сматрало као сметњу што су и савезници и српска влада хладно прихватили ове гласове из Загреба. У хаосу који је био завладао на свршетку рата, било је слободно бар све покушати... Загребачко Вијеће било је наредило и мобилизацију. Почета је у земљи и организација нове загребачке државе. Али се на мобилизацију није нико одазвао, а у земљи је наступила анархија, крајња несигурност и пљачка, са појачаним зеленим кадровима и бољшевистичком пропагандом. У врховима загребачке државе наступило је безглавље и расуло. Постојао је страх да побеђена солдатеска у повлачењу, не направи насиља по земљи, и не изазове револуцију. Пречани Срби из Новог Сада затражише да Београд пошаље заштиту, а у Босну је већ био продро војвода Степановић са својим трупама и успоставио ред. Сарајево је било заузето 6. новембра, Котор 8, Дубровник 14, Сплит 18. Истина, командант хрватски у Сењу молио је талијанску команду да његов гарнизон заштити од српске војске.

Али је претила опасност да Италија, извршавајући самовољно закључке Лондонског уговора од 1915, не заузме све што буде хтела. Народно вијеће из Сплита затражи брзо од Врховног хрватског народног вијећа у Загребу да хитно изврши закључке Крфске декларације, и да замоли да српска војска заштити хрватски народ. Пред оваквим приликама, загребачко Вијеће није имало шта очекивати. Тако је дошла у Београд, 1. децембра 1918, делегација Врховног народног вијећа из Загреба од 23 члана, да прогласе заједничку државу и заједничку династију за Србе, Хрвате и Словенце, „троимену браћу".

Срби нису ништа знали о браћи Хрватима, а браћа Хрвати су о Србима знали само оно што је најгоре, и чему их је целог живота учила бечка и пештанска штампа. Народне масе у Србији знале су о Хрватима ипак више него интелигенција на свом повратку из Европе, где се у изгнанству намучила, али и нарочито раскалашила. Народ је упознао Хрвате за време трогодишње аустријске окупације у Србији, где су се показали одвратни, гори и од Мађара. Хрвати су опет запамтили народне масе у Србији као недовољно европејске, и према њима непријатељске. Стога сваки српски херој који је ових дана пролазио београдским улицама, још поцепаног одела, изазивао је међу Хрватима или аверзију или сажаљење.

Уопште, може се поуздано рећи да Хрвати нису познавали црњег дана него што је био тај 1. децембар 1918, одвећ торженствен да би им изгледао и искрен.

Хрвати су се озбиљно плашили српске радничке класе, која је и овај пут изишла из три рата и са три славне победе. Због ове земље је, и на српском питању, пропала Хабсбуршка монархија и била збрисана са европске карте. Свако се питао на чему одиста могу да се интимно сретну Срби и Хрвати, који су се, као што рекосмо, или мало познавали или зло познавали. Покојни Франо Супило, нешколован али способан политичар (умро у емиграцији), стрепео је да се хрватски народ, слаб и у вечном страху од живота, брзо не разочара (непријатељи Хрватске били су Млечани који су хтели њихове шуме, Византинци њихове градове, Мађари њихове земље, али Хрвати ниједног од ових непријатеља нису победили; Беч и Пешта радили су од тога народа шта су хтели). Супило је писао: „Срби и Хрвати су једно исто у извесном погледу (!), али у другом погледу нису. Хрвати имају своју сопствену народну идеологију, и биће голема грешка ако Срби не буду о томе водили рачуна, и ако буду почели брзу и принудну асимилацију".

Одиста, Срби нису довољно водили рачуна о овом страховању Франа Супила. Али нису никад ни помишљали на какву асимилацију, ни брзу ни принудну. Они нису за 200 година покушали ни да асимилују своје Румуне по Хомољу и Крајини, ни Арнауте које је Србија после ратова 1876—78. протерала преко границе. Они неће никоме наметнути ни своје православље, ни своје Српство, јер одиста нису зато способни. Они нису ни свој српски језик успели никоме другом да наметну осим Хрватима.

Осећање које су Хрвати имали после уједињења са Србима, то је да су направили рђав рачун, да су преварени и заведени. Они су јавно и сваком приликом тврдили да им је Југославија балкански подваљена. На најмању тешкоћу на коју су наилазили са Србијанцима, они су сматрали да улазе у неизвесну перспективу, и чак да иду на распуће: у новој држави са седам разних законодавстава, на челу са Србијом која још није имала ни свог катастра! А како су увек мутне прилике као и мутне реке, које изнесу сав шљам на површину, избили су и у Београду и у Загребу, личности које су ловиле у мутној води. Оне су пуно допринеле да се створи у земљи морални поремећај. За првих десет година, и сви су странци преко Загреба ровашили у оној несрећној земљи својим пропагандама: Аустрија, Немачка, оба Рима, Мађарска и Бугарска. Сви против Београда! И сви сложно са Хрватима.

Додајте овоме да су делегати имали први утисак о будућој престоници не може бити неповољнији. У београдском небу вијорила се победилачка застава на Краљевом Двору, али је Београд био сав изрован од бомби које су га осуле. По улицама је лежала варварска турска калдрма од крупног камења, или текло предачко блато. Ово обоје је индигнирало Хрвате, који су и видели само оно што је било најгоре. Њихов Загреб није примио ниједну бомбу за време рата: и тај град је био главно место снабдевања војске једне велике силе, а то га је толико обогатило да је за време самог рата, у којем су гинули и људи и градови, Загреб извршавао своје урбанистичке радове, дизао нове палате и паркове. Хрватски делегати су давали себи изглед у том разореном и оскудном Београду као какви учени експлоататори заробљени у каквом афричком урођеничком табору у џунгли... Срби Београдски, једним великим делом образовани на далеком западу и нарочито у Паризу, налазили су и Загрепчане одвећ провинцијалцима и који не знају да говоре српски... Срби политичари међу оних 23 делегата из Загреба, били су једини очарани (Прибићевић и другови). Они су себи приписивали лавовски део у остварењу ове велике заједничке куће. Они су, одиста, већ од 1905, од Бечке резолуције, били добили искрено веровање да је са Хрватима могућан заједнички рад; и они су остварили српско-хрватску коалицију после тога да сатру старчевићанство и униште франковштину; да онемогуће Јосифа Франка са којим је још бан барон Раух био у интимним везама као са најенергичнијом странком (која је имала своје легије и чете за разбијање српских домова и дућана, и прогањања Срба). Уклањање оног Рауха, који је правио велеиздајнички процес Срба, била је неоспорна заслуга тако уједињених Срба и Хрвата.

Али још су живеле успомене у памети ових Срба о тешких 20 година бановања Куена Хедерварија. Срби из коалиције били су сад, са увек несигурном ситуацијом у Монархији, срећни да своју судбину најзад вежу за Београд. Прибићевић, који нам је, нажалост, оставио и неколико својих добрих ученика за данашњу жалосну ситуацију Српства, приписивао је себи лично историјске заслуге за остварење нове државе. Он ће одиста постати за неколико година и главни експерт за познавање људи и ствари у Хрватској; и он ће пуно насиља урадити и с једне и с друге стране Саве и Дунава: да међу Хрватима изазове највеће непријатељство према Србима међу које их је био довео. Срби са своје стране такође ће после десетину година дочекати време да Прибићевић приђе Радићу којег је раније затварао, и да затим постане Хрватима експерт за Београд, и заједно с њима, уцењује нове непријатеље. За време док се министар полиције Прибићевић борио против хрватске насртљивости на Београд, његова девиза је била: „Док је Лике, нема републике". А кад је затим, након десет година, направио коалицију са Радићем против Београда, његова је девиза била: „Република, целом свету дика".

Ми не говоримо овде о лојалности и нелојалности Хрвата према закључцима Крфског пакта, како би изгледало из овога што смо навели. Ми данас једино из историјских разлога наводимо извесна факта које је требало увек имати на уму. Не би се могло ни замерити једном народу извесно одступање и од обавеза сасвим формалних које је он у извесном моменту на себе узео, нарочито кад је то радила једна група људи која није ни имала директан мандат народа да закључује овакве споразуме. Напротив, ми овде нарочито желимо показати са како се мало одушевљења, и са колико пуно зловоље од стране Хрвата, као и са колико непознавања њихове психе од стране Срба, ушло у изграђивање оне државе, која ће за 23 године показати најжалоснију слику свог моралног живота.

ИСТОРИЈСКА ГРАНДОМАНИЈА ХРВАТА

Историјско осећање које један народ има о својој прошлости, спада не само у прве духовне факте, него и у прве проблеме политичке. Хрвати у овом погледу, имају једну историјску грандоманију коју су код њих завели у задње време и црква у служби двоструког Рима, и ситна кафанска политика, која се затим дигла до затрованог вербализма, и до подништавања свију историјских истина. Ова хипертрофија личности савременог Хрвата, донела је и многе несреће том самом народу и онима који су имали с њим додира. Ово ће, за нашу неизмерну несрећу српску, бити онај спруд на који ће се и наш недужни српски брод насукати у једном од својих највећих и најсудбоноснијих историјских момената.

Историја Хрвата, међутим, трајала је доста плашљиво и увек несигурно, до XI века, са краљевима о којима се мало зна изван Загреба, а који су извесно мученички владали онако бачени на ту периферију. О њима је тешко данас нешто и знати, одвајајући историју од легенде. Бугари су увек против нас ратовали са лажним статистикама, а Хрвати ратују лажним историјским фактима. Немогуће је зато данас у Загребу икога уверити да мала држава Хрватска, која је износила једва колико један србијански округ, није држала и у својим оковима Босну, и да пред њом није клечала Херцеговина увек на коленима. Тако се догодило да не само на митинзима и на пијанкама, него су Хрвати посејали овакве бајке и по свима историјским делима, а чак то пренели и на камене плоче посејане „у славу краља Томислава" по нашој чисто српској обали од Стона до Котора, што у научном погледу изгледа доста ступидно, пошто ти крајеви немају никакве везе са хрватском историјом, а у погледу политичком, сасвим смешно и изазивачко.

Мала средњевековна хрватска државица била је земља чији се опсег не може историјски доказати, у њеном сталном мењању опсега. Свакако, на тој шкртој и неплодној обали, није у њој могло бити пуно берићета. Сама престоница њена се, без прецизирања, налазила негде у околини Сплита. Градови су још и за Византијског владања па све до владања Млетачког, морали бити само места за далеке византијске гарнизоне. Народ те државе, и да је био храбар колико и други народи на свету, није могао имати славан живот, опкољен непријатељима неизмерно јачим, као Византинци, Млечићи и Мађарони. Владари су морали бити скромни, кад се зна и да су те владаре понекад плаћали сплитски бискупи, а не они сплитске бискупе. За Томислава се зна да је постао првим краљем своје државе за неке заслуге учињене Византији. За Крешимира се зна да се прогласио краљем кад је присвојио градове Сплит, Трогир и Задар, на пушкомет један од другога! За Звонимира се зна да је, крунишући се, узео обавезу да шаље годишње папи кукавни данак од 200 дуката... Међутим, по свим мешовитим школама у нашој земљи хрватски уџбеници и предавања бацала су у тамни засенак историју моћних српских краљева и царева који су у неколико махова владали најјачом државом на Истоку. Оваква грандоманија Хрвата, васпитаних у таквим школама, пуно је мутила памет и хрватских политичара, који су са нарочитом набуситошћу с нама говорили. Они су са таквом набуситошћу разговарали и са Мађарима, који су их пре осам векова покорили, а који тада од старе славе нису Хрватима оставили у рукама друго него једно парче хартије; и који су се, као што смо видели према Хрватској односили одувек као према једној својој законитој провинцији.

Ову своју историјску мегаломанију Хрвати су већ првих дана донели у наш епски и војнички Београд. Србијанци нису, што је одиста врло жалосно, ни разумели колико у хрватском оптуживању има нечега њиховог старовременског, театралног, шароликог, уобичајеног, као на неком суђењу где има пуно лажних докумената, варљивих хартија, и лажних сведока. После пропасти на Гвозду 1102. године, Хрвати су са Мађарском водили стално само парнице за своја историјска права, и изоштрили се као парничари. Сваки историјски процес, био је онамо као процес судски, а не питање савести и криза идеала... У оквиру мађарском од XI века, и аустријском од XVI века, у борбама са централизмом једних и других, Хрвати се никад нису борили као војници, него као судске странке. А како су се тако борили кроз осам векова, они су са таквим навикама и начинима пре 23 године дошли да такво бојиште пренесу и у Југославију. Било је стога погрешно што су наши политичари првих година кад су још били представници свога народа, и у пуној снази, хрватске оптужбе узели као ствар принципа, више него као ствар старе вековне навике.

Али је питање правне свести код Хрвата остало загонетним на свагда за Србе државотворце и превасходно велике војнике. Хрвати су више ценили своје Хрватско државно право, него и саму своју хрватску државу. Они су знали да свима нама другим још и могу стари хрватски владари изгледати храбрим и заслужним, али се та лица из далеке историје појављују магловита, као неки митолошки краљеви, као неке крунисане главе из каквог малог словенског Нибелунга. Након улажења Хрватске у краљевину Арпадовића, Анжувинаца и Хабсбурговаца, Хрвати су као народ постали скоро невидљиви. Може се узети као сигурно што на једном месту пише сам др Франо Рачки: „Од пропасти хрватског последњег краља Петра II Свачића на Гвозду, 1102. године, све што је даље Хрватска урадила, урадила је под фирмом Мађара". Одиста, ко би ово рекао према оном како су се они понашали према нама!

За време такозваних независних хрватских краљева водила се у северној Далмацији постојана борба између Византије, Венецијанаца и Мађара! Не видимо кад је ова Далмација била без власти једног од ових трију? И кад су то слободно владали независни хрватски краљеви? Томислав је узео почасну титулу краља (925) али је био само „проконзул" гувернатор византијски; а Држислав је добио (988) то исто право, али је био „епарх" и „патрицује" византијски. А ово је ипак мало друкче него независност српских владара! — Венеција је први пут завладала Далмацијом 9. маја 1000. године, када је дужд Орсеоло II дошао „свечано дочекан", да прими у Трогиру заклетву народа његовој републици... Кад су Нормани напали Далмацију и завладали градовима (одвевши краља Славца у ропство), њих су оданде отерали опет Млечићи... И кад су најзад Хрвати своју државу дали мађарском краљу Ладиславу II и Коломану, већ Византији цара Алексија успева да пре других онамо васпостави опет своју власт... (1901). После познате погибије краља Петра Свачића, прави се и споразум, опет једино између Млечића и Мађара: дужду Далмација, а мађарском краљу Хрватска!... Хрвати нарочито говоре као о неком народном празнику што се мађарски краљ Коломан тада крунисао у Биограду на мору, „споразумно са 12 хрватских жупана", као да се у Крушевцу крунисао Немањића круном цар Мурат, споразумно са окружним начелницима... Далмацију је најзад добио од Византије на поклон тај мађарски краљ зато што је био рођак тог Арпадовића, уз невољно пристајање Венеције (1107. године). После овог ће на том делу Јадрана бити стални двобој опет само између мађарског краља и млетачког дужда... Хрвати су звали мађарског краља хрватским, само зато што је обнављао „привилегије градовима", а не хрватској држави. У овом је протекло осам векова мађарске власти над овим словенским народом очевидно без икаквог сјаја. (Ми ово наводимо по Рачком, Клајићу, Смичикласу, И. Модестину, итд.)

Врло је интересантан случај како је дошло да босански краљ Твртко I заузме Сплит и постане „Краљ Србљем, Босни и Приморја". Свакако, не вољом Хрвата, који никад нису имали добрих односа са Босном у којој је владала једна православна јерес (богумили), са наслоном на Цариград као и Срби, и са ћирилицом. Твртко је био освојио Клис (1388), а босанске чете су пустошиле и околину Сплита. У ову *nobilissimam et validam urbem, quaetotius Daltiae metropolis constat*, ушла је паника. Сплит је потражио у више наврата помоћ мађарског краља Сигисмунда, свог покровитеља и владара, али како се овај није никако одзивао на овај вапај, *valentem urbem* се реши да се (опет својевољно), покори босанском краљу Твртку!... Године 1390, 12. јуна, дођоше из Сплита посланици у босанску престоницу Сутјеску, да сами без борбе предаду своју земљу Твртку I. Овај је Сплиту „повратио привилегије" свих ранијих владара, а као владар православни (в. проф. В. Глушац), примио у заштиту и сплитску надбискупију... И тим је овај страни владар завладао приморском Хрватском.

Заиста, чудан патриотизам!

Овако је ишло са овом слабом словенском државицом за њена прва три века. За осталих осам векова под мађарским господарством, ишло је као и под сваким другим ропством. Од почетка па до краја, сукоби и покорности трима великим противничким империјалистичким државама: Византији, Венецији и Мађарској, које су онамо имале своју сопствену власт и законе. Борбе оружјем су донекле постојале у тој државици само између Омиша, Сплита, Трогира, Звониграда, Задра итд, као у каквој идили. Само у историјској својој грандоманији Хрвати говоре о независности, бојевима, епопеји. Ова грандоманија је, и поред свега тога, онемогућила у том народу кретање њихове доцније политичке мисли у једном нормалном закону о пропорцијама. То се осветило највише у Југославији. А ово идемо да видимо, како бисмо јасно одмерили све разлоге што та млада и велика држава није почивала на својим поузданим основама. Хрвати су по свом духу фантасти, и стога опасни и за себе и за друге. Они су о слободи, независности, и националном достојанству, имали одувек сасвим дркчу идеју него Срби. У средњем веку су се најбоље одмериле разне државе шта су и колике су: и по свом културном таленту и смислу, и по свом државном замаху. То је било доба младости кад је сваки народ себе показао. У средњем веку су се одмерили и Срби и Хрвати.

Хрвати су некад крунисали, као свог краља, мађарског краља Коломана, а затим прогласили за свога цара аустријског цара Фердинанда, и затим признали прагматичну санкцију као пристанак и на женску лозу Хабсбурговаца, све зато да им се призна, као једини услов, пергамент за њихово Хрватско државно право, а не да сачувају међу народима свој интегритет национални и државни, тачно обележен таквим документом! Ако су се Хрвати у Југославији са толико упорности борили за свој „национални индивидуалитет", и затим за своју „посебну територију", то је зато што им то нису пређашњи господари у Монархији никад ни тачно обележили, ни отворено признали. Са њиховим непознавањем српске психологије, Хрвати никад нису хтели разумети да Српство одиста није намеравало ове историјске поступке странаца примити за свој начин. Временом је и без свих злочина и порока које су Хрвати унели у наш живот за ове две деценије, Хрватска могла, без икакве повреде српског индивидуалитета и српске посебне територије, први пут постићи оно што је вековима узалудно молила од странаца. Ово су можда знали у дну своје савести и сами хрватски политичари: али Хрватска није желела да у Београду постигне за себе историјску правду, него да на рушевинама у Београду постигне сама своју националност и територију на штету Срба. У томе се састојала сва она букачка политика која је заглушила и Србе и цео свет хрватском невероватном борбом међу нама.

Хрвати имају навику да присвајају оно што је туђе, у једној клептоманији која се нигде другде није видела. Византијски историчар Порфирогенит пише да су Срби и Хрвати долазећи на југ, населили Далмацију, и то Хрвати од реке Цетине на север до реке Раше (Арсе) у Истри. Они су ту своју Земљу прозвали Бела Хрватска. А Срби су узели и населили све на југ од реке Цетине до реке Бојане. Али и поред овога што пише Порфирогенит, а што је писао и историчар Луцић из Трогира још у XVII веку, и ту земљу су Хрвати прозвали Хрватском, и то Црвеном Хрватском! Ово они и данас уче по свим школама и по свима црквама. Требало је да њихов највећи историчар професор Фердо Шишић, пре неколико година, у свом врло ученом делу *Коментари попа Дукљанина* докаже да се нетачно приписује старом попу Дукљанину из XI века да је он у свом летопису тврдио о постојању икакве Црвене Хрватске на другој половини јадранске обале, него да су ту Црвену Хрватску у његов летопис доцније лажно протурили калуђери далматинских католичких манастира. — Међутим, на бази ове Црвене Хрватске, и мало учени хрватски политичар др Мачек тражи за себе и Црвену Хрватску од Цетине до Бојане.

Хрватске школа и црква, универзитети и академија, уче без зазора своје „дечке" да су Хрвати били највећи војници хришћанства, опасне убојице, љуте мегданџије. Они сваком приликом истичу да су за своје ратне заслуге око 1510. добили од папе титулу *antemurale christianitatis*. Међутим, овакву титулу нису из Рима добили Срби који су 1372. са својом хришћанском војском изишли до на реку Марицу да зауставе провалу Азијата у Европу, и где је изгинула и сва та хришћанска војска на челу са својим краљем, који је ратовао са крстом и мачем; као што су на Косову 1389. изгубили и сву војску и свога владара побожног кнеза Лазара.

Још за Србе, и којекако! Али је и Мађарска, бар земља католичка по превасходству, водила три огромна рата за хришћанство: код Никопоља под Јаношом Хунадијем 1444. год, затим код Варне где су изгубили свога краља, и код Мохача 1526. год. где су у борби са Турцима изгубили и своју војску, и своју независност државну, и свог последњег краља... Али је зато титулу *antemurale christianitatis* дао папа Хрватима, који нису од времена Гвозда никад ни имали независну војску, и чија је војска имала према истом Хрватском државном праву као команданта једног „капетана". Битка на Удбини Хрвата и Турака, под баном Деренчином, имала је свега 13.000 хришћанских војника, а и они су били потучени; а затим Зрински је имао код Сигета свега 2.500 војника, који су били потучени. Али Хрвати пишу да је султан Сулејман Величанствени умро на пречац што његова војска није заузела Сигет у једном јуришу, а да замало није од истог очајања умро и велики везир Мехмед-паша Соколовић који је султана тешио! Хрватска победа код Сиска (у XVI веку) била је над босанском војском и једним босанским пашом, значи малом војском. У Турској историји се ове битке уопште и не бележе.

Хрвати се размећу да Хрватска није никада као Србија, Бугарска или Грчка била од Турака покорена. Међутим, зна се да је Смедерево пало 1459, и да су Бранковићи и други деспоти српски још 200 година после Косова владали Сремом и Славонијом, а кад су Турци дошли према Хрватској, Хрватска је већ била признала за себе аустријског Цара, да буде заштићена... Што се тиче провале Турака са запада из Босне, она је почела одмах после пропасти Босанске краљевине 1463, освајањем Крбаве и Лике које су остале под Турцима пуних 190 година... И то у својим чардацима и харемима по Удбини и по Огулину, где би и до данас остали, да није Лику и Крбаву ослободио српски сердар Стојан Јанковић, чију палату и данас показују са патрицијским грбом у Задру; ослободио са српским војводом Илијом Смиљанићем, на челу храбрих српских ускока које је онда у Равним Котарима помагала Млетачка република из својих разлога. — Српска ускочка војска је у неколико битака разбила Турке и попалила њихове чардаке. О овом певају и дивне песме у српском Ускочком епосу, које је испевао тај гусларски део српског народа. Чак и ове ускочке песме под редакцијом др Николе Андрића, штампала је као своју девету годишњу књигу почетком 1941. год. славна Матица хрватска, коју, међутим, нико није ударио по прстима за овакве простачке плагијате. За културне Србе, узимање трећег њиховог епоса, Ускочког, то је као да су Хрвати узели целу једну српску провинцију.

Таква клептоманија иде и дотле да сваком одузима његове праве заслуге. Хрвати пишу и сто пута понављају да је Бонапарта код његове победе на Арколу бегао пред хрватским граничарима! Затим Хрвати износе у својим књигама, чак и у придикама хрватског попа у Америци, да је цар Наполеон казао (ово се односи на официра Драгића, Србина, који је донео његов пртљаг у Париз после пораза у Русији), како су „Хрвати" код Смоленска 1812. показали да су први војници на свету, и да би с таквих 100.000 војника, он заузео цео свет! Међутим, они се праве да не знају да је с Наполеоном, чија је онда била и Лика и Крбава, отишла на Русију само једна једина скрпљена регимента из Лике и Крбаве, и то, по хрватској статистици оног времена, већином Срби Личани и Кордунаши. Тако исто Хрвати пишу да су они однели победу код Кустоце у Италији, 1858. године.

Ова историјска чињеница спада у политичку психологију Хрвата која српским политичарима није смела бити непозната. Пођите овим концем, и ви ћете даље наићи на све невероватније појаве.

Познати историчар, загребачки професор др Рудолф Хорват, пишући о историји Хрвата, наводи у једном беспримерном списку хрватских владалаца од првог њиховог независног бана Борне, 819, до последњег владара, нашег савременика, цара Карла хабсбуршког, 1918, једну неизмерну листу оних који су владали и управљали Хрватском, сваког по имену и добу владања. На тој листи има више њих *banus*, *rex*, и *interex croatorum*, да њој не би одговарао ни списак имена укупно свих осталих владалаца свију европских династија, од оног времена до данашњег! Ево да наведемо ово невероватно историјско откриће овога професора и патриоте, иначе писца озбиљних историјских дела.

Од бана Борне, 819, до бана Томислава, 914, који ће постати и првим хрватским краљем 925, има самосталних господара своје државе десет банова. — Затим краљ Војномир отвара листу и „Посавских краљева" којих опет има на броју њих пет. —

Затим долази листа под натписом „Банови за владања краљева хрватске крви" (јер док су хрватски краљеви краљевали, њихови потчињени банови су бановали, што значи управљали судством, војском и администрацијом, са владаром заједно). — Али после пропасти на Гвозду, долазе мађарски владари који су Хрватску покорили, присвајајући краљевску њену титулу, и крунишући се и сами у Биограду на мору, од Арпадовића до пропасти Хрвата на Гвозду (значи од 1102. до изумирања Арпадовића, значи до 1301), има хрватских банова тридесет и девет. (Ове мађарске краљеве Хрвати у својим историјама називљу „хрватско-мађарски краљеви"! А њихову круну „мађарско-хрватска круна светог Стјепана"!) Затим иде нови списак „Банови читаве Славоније" (од Дионисија 1242, до Стјепана Бабонића 1299), иређају се имена њих седамнаест банова. (Знајте, ту се подразумева Славонија, или под папским именом Есклавониа, од Драве до Саве и од Дунава до Уне, а не источна земља Славонија данашња, која је Хрватима била удаљена.) После овога долази листа имена и датума под именом „Банови приморја, касније звани банови Хрватске и Славоније" (од 1243. до 1312, од онога Стјепана Бабонића до Павла Шубића 1278), њих на броју пет банова. — Али и после овога долази листа „Банови за време хрватских краљева из династије Анжујске" (што значи оних владалаца, који су заменили Арпадовиће на престолу Мађарске). Ових банова има на броју шеснаест (увек сви под именима и са хронологијом, од Хенрика Гизинга 1301. до Стјепана Банића 1387). После овог долази листа са насловом „Посебни банови Хрватске и Далмације" (од Павла Шубића 1274. до Ладислава Лацковића 1387), опет њих по броју тринаест. — За њима долазе банови са овим натписом: „Банови за хрватских краљева разних династија" (од 1387. до 1527). — Али ни ово није све. Одавде следују банови под натписом: „Банови читаве Славоније" њих четрдесет и седам (од Ладислава Лученца 1387. до Фрање Баћана 1525). Овоме се придружује и нова листа под натписом „Посебни банови Хрватске и Славоније" (од 1387. до 1476), од Дионисија од Лученца до Дамјана Хорвата, њих седамнаест. — Сад долази листа, одиста интересантна, са натписом „Банови за хрватских краљева... из династије Хабсбурга" (од 1526. до 1921), све по реду и имену и датуму, од Крсте Франкопана 1526. до нашег савременика др Томислава Томљеновића, 1921. год, њих ништа мање него педесет и четири. — Најзад нису заборављени ни велможе под натписом „Бански заменици" (који су бановали у очекивању да прави бан буде постављен) од бискупа Кеглевића 1537, чак до бискупа др Теодора Бошњака, 1920, као и висока лица нпр. гроф Ердели 1670, и барон Левин Раух 1867, њих десет. — После овога ће доћи и листа под натписом „Краљевски комесари и повереници", њих три. — Напослетку ову војску владара разнога калибра, завршава списак „Хрватски херцези", који су били странци из краљевских или сличних кућа, међу којима налазимо чак и Маргериту, кћерку нашега херцега Стјепана Косаче, и нама непознатог његовог сина Ивана, 1356—1360, укупно и њих седамнаест. — Најзад, ови бесконачни спискови хрватских поглавара завршавају овде на овим хрватским херцезима.

Из горњега списка др Рудолфа Хорвата излази да је било укупно владара у земљи Краљевине Хрватске, што банова и краљева њихових, пре и после пропасти независности на Гвозду 1102. год, округло на броју две стотине и четрдесет пет! Самих хрватских краљева од Томислава до Коломана има шеснаест, макар што се о многима ништа и не зна. А затим број мађарских и аустријских заједничких владара четрдесет и један.

Значи укупно 302. Сви „пресветли"!

Да се човек прекрсти од чуда! Јер, када Хрвати цитирају владаре велике Русије, то је судећи по броју, шака јада. Тако исто и француске владаре од Кловиса до Наполеона III, опет шака јада. О енглеским владарима, да и не говоримо. Српске владаре они не помињу од кнеза Властимира у Рашкој, који је 840. већ разбио бугарског цара Пресјама; ни његовог сина кнеза Мутимира, који је мало доцније разбио војску бугарског цара Бориса, заробивши и његовог сина Владимира и 20 великих бољара. Не говоре ни о Чаславу, који је истргнуо ту нашу прву државу од Бугара, да направи макар и кратковечну једну нову српску државу, која се спуштала чак на Јадранско море. Ни о зетско-травунској краљевској династији првог нашег краља Михајла и Бодина, већ 1050. Они наводе, напротив, само кратки низ имена Немањића од Немање до цара Уроша, и не помињући послекосовску снажну и богату државу Деспотовину у Смедереву за пуних још 70 година нашега државнога живота. Босанске банове и краљеве помињу као своје. Ово још умножава горње спискове хрватских банова, и краљева у неизмерност.

Свакако је интересантно да ни Херодот, ни Тукидид, ни Плутарх нису овако сачували листе и спискове Атинских краљева, архоната у најпросвећенијој држави старог века. Египћани знају само за 29 династија својих фараона. Али на листи др Хорвата, фигурирају и банови који су бановали и једва испод шест месеци. Ниједно парченце овакве историјске величине није, дакле, било изгубљено.

IV

НЕШТО О ПРАВНОМ СМИСЛУ ХРВАТА

Постојале су три главне ствари као непосредни разлог хрватског незадовољства под новим заједничким кровом наше бивше државе. Осим свију погубљених илузија да олако дођу до своје посебне државе Велике Хрватске, и осим верског антагонизма у једној шизматичној средини, и осим лошег утиска када су први пут прошли Београдским улицама на којим се видела само ћирилица, и куда је промицала само војска српске расе која је разбила и уништила аустријску штрафекспедицију, било је и других разлога зашто су се Хрвати онако као у тесној чизми осећали на сваком месту нашег тла.

Хрвати су жалили своје Хрватско државно право, вековима вређано аустријским и мађарским поступцима, али које је у народу подржавано као историјска светиња, још, како кажу, од првог дана Борне 815, а које је сада тобож први пут стварно сахрањено. Затим су жалили институцију хрватског Бана и хрватског Сабора, такође потпуно негираним у Видовданском уставу.

Шта је то заправо Хрватско државно право?

Оно је стварно постојало само на хартији. Никад за 800 година, од пропасти државе, није Хрватска ни на једном међународном форуму фигурирала у име тог свог Државног права. А када једна држава није под једним туђим владаром ни савезничка, ни вазална, ни везана царинском унијом, и још кад је у оквиру државе свог победиоца, онда је то њено Државно право фиктивно и нереално, а таква краљевина магловита и илузорна. То је као када би когод присвојио себи вашу кућу, али вам зато вратио натраг вашу стару тапију. Име ове мале словенске државе сачувала је победилачка и брутална Мађарска само да у свој штит метне још један туђи грб, да на својим будимским парадама види своје словенске погорелце као побеђене, а затим да успомена на једну независност народну остане само у пословицама и доскочицама међусобних политичара. Сви савези, ратови, међународни пактови, стварани су у оној Монархији одувек без мишљења Хрватске.

Али ако Хрватска и није имала места у битним решењима Мађарске или Аустрије, она је по своме *ius municipalia* сачувала, или бар чувала, извесне унутрашње законе, понекад независне од закона краљевине Угарске, а то није било безначајно ни кад је у животу мало доприносило. Било је закона које је израђивао хрватски Сабор за хрватски народ, и који су одашиљали директно Цару у Беч да буду потписани, али је било још више момената кад овакве слободе Хрвата нису уживали, и кад су их било Мађари већ од почетка, било Аустријанци након тога, оспоравали и онемогућавали. Ми ипак дубоко верујемо да је Видовдански устав нудио много више Хрватима него и *pacta conventa, ius municipalia*, пакт са аустријским царом од 1527, Прагматична санкција, Устав од 1859, или Нагодба хрватско-мађарска од 1868. Нудио више него укупно сви уговори које је Хрватска закључила са Бечом и Пештом од 1790. год! И то не само, понављамо, уставна либералност Стојана Протића у његовом федералистичким пројекту устава, него и онај централистички устав какав је инспирисао Никола Пашић!

Да Хрвати нису онако опасни фантасти и развратни романтичари, који су и после Југославије направили само себи најгоре име међу народима, они никад нису имали за чим искрено зажалити говорећи о своме Бану и своме Сабору. По своме историјском и за њих увек живом Хрватском државном праву, Хрвати су имали следеће прерогативе:

Имали су свога Бана, који је сазивао Сабор. Бана није, истина, самостално бирао хрватски народ, нити је хрватски Сабор радио независно од мађарског парламента. За бана су Хрвати предлагали владару Монархије по више кандидата, међу којима је владар бирао онога којега је он сматрао повољним. Због овога је међу оних 302 хрватских досадашњих банова о којима смо напред говорили, било већином Мађара и Немаца, или мађарона и германофила послатих у Хрватску, или бираних међу племством хрватским, туђинцима или ренегатима. Истина Хрватска је слала у „заједнички" мађарски парламент своје делегате, макар то и било само тројица, за заједничке послове. Ово су заправо били данашњи „експерти"; јер је Мађарска увек сматрала заједничким пословима једино мађарске интересе у Хрватској, а не и хрватске интересе у Угарској. Али је од 1715. год, и ово право било поништено.

Хрватски Сабор, за којим су југословенски Хрвати исто тако дубоко жалили, као доказ да је доносио независне законе слободно од краљевине Угарске, увек цитира како је тај Сабор тако слободно изабрао себи и хабсбуршког цара Фердинанда 1527. за хрватског цара. Ово можда није било ни тако тешко: Мађарска је престала да постоји мало пре тога, уништена на Мохачу, 1526... Срби се могу чудити само како се Хрвати нису после Моха́ча дигли да негде до Јадранског мора створе парче независне државе, а не како су то бирали аустријског Цара тако „смело" и „слободно"...

Независност правосуђа у једној држави, неоспорно је први доказ независности једне државе. Хрвати ту независност спомињу међу правима своје *ius municipalia*. Али не треба заборавити да то правосуђе није могло бити баш тако независно од Угарског суда, када је Касација све до 1848. била заједничка. У погледу државног језика, живот у Хрватској био је најнезаконитији од свега што се видело у Европи: осим латинског језика, који је у оној држави био заједнички административни језик, није у XIX веку први пут Мађарска наметала указом мађарски језик за административни, чак и облигатни језик по школама, као што ће то радити затим и бечки апсолутизам. Није никакво право што је Хрватска плаћала само половину од онога што је Мађарска сама плаћала мађарском Краљу за војску и тврђаве. Не треба се ни нарочито поносити што су Хрвати имали законе којима се протестантима забрањује да купују непокретна имања, и да служе у државној и јавној служби...

Хрвати сматрају да је ипак у разним варијацијама Хрватско државно право остало неповређено до XVIII века. Међутим њега је поништила само апостолска и врло католичка царица Марија Терезија (1740—1780) и син јој Јосиф II (1780—1790) својим централизмом, поништивши потпуно горе поменути „заједнички Сабор" у Будиму, односно у Пожуну, тиме што га више нису сазивали. Не заборавимо да је Царица основала и једну „Краљевину Хрватску" и 1767, која се састојала од свега четири жупаније (загребачке, вараждинске, крижевачке и вировитичке), као административну јединицу у својој Монархији, и са једним нарочитим Краљевским вијећем, на челу са Баном и пет саветника. Али ово краљевско Вијеће је у тој краљевској Хрватској управљало „по наредбама или патентима из Беча"! Сабор овако демантован, није више, признавали су и Хрвати, није био више уопште потребан ни онако мумија какав је био дотле.

Сада, пазите добро. Долази оно што је најжалосније за тзв. Хрватско државно право.

Када је и ово Краљевско вијеће било укинуто, није враћен хрватски Сабор. Него су сва његова стара права предата у надлештво Угарској влади, која је од 1779. била подвргнута и сама Бечкој влади као централној. „Овим је актом Хрватска постала саставни део Угарске, изгубивши своју аутономију", пише и сам проф. Фердо Шишић у једној од својих последњих књига коју му је издао београдски Балкански институт. Тако је пала такозвана дотадашња независност и тзв. Хрватско државно право.

Али је Јосиф II, ишао још и даље. Он је поделио Угарску на десет жупанија, дистриката или управних јединица, којом су поделом и Хрватска и Словенија биле међу собом одвојене...

То је оно жалосно доба када већ у Хрватској нико није хтео да говори друкче него мађарски. На жупанијским скупштинама, бирајући своје посланике за хрватски Сабор, загребачка, вараждинска, и крижевачка жупанија, изразиле су жеље: да се мађарски језик има да учи у свима хрватским школама као облигатни предмет. *Une loi, une foi, une voix*! И сам хрватски Сабор уврстио је ово међу оне жеље краљевине Хрватске, које треба да њени изасланици, изнесу државном заједничком Сабору у Пожуну! Закључак хрватског Сабора гласио је, од речи до речи овако:

„Сталежи и редови увиђају потребу, да се у краљевинама (Далмацији, Хрватској и Славонији) рашири мађарски језик, јер желе да се Хрватска и Славонија што чвршћом везом узмогну повезати са савезном краљевином Угарском. Зато сталежи и редови налажу господи посланицима како би се постарали да се законом уреди питање учења мађарског језика као облигатног предмета у овим крајевима; но службени језик има и даље да остане латински".

Ово се догодило релативно недавно: 1830. године!...

Зато Срби у Београду, бар ми који смо за ово знали као беспримеран случај у историји да се један народ драговољно одриче свога народнога језика, као што су некад крунисали мађарског краља за свога краља и примили аустријског цара за свог цара, а 1790. учинили и онако жалосну предају свих својих права Мађарској — нисмо могли бити довољно осетљиви на неправедне оптужбе Хрвата како су сад уџбеници по њиховим школама тобож историјски непотпуни због великосрпске пропаганде. Ми, напротив, верујемо да су ти непотпуни школски уџбеници били баш зато одлични, што у њима није било писано све ово о чему смо овде горе говорили...

***

У таквим блиским успоменама, Хрвати су у Београду изигравали слободне грађане бивше велике Монархије, чија су права нарушена само њиховим уласком у Југославију. Видели смо горе колико је то нетачно.

Да идемо и даље.

Нагодбом хрватско-мађарском од 1868, хрватског Бана предлаже угарски министар председник а краљ поставља својим контрапотписом, али је Бан за све што ради одговоран затим хрватском Сабору. Ово изгледа нож са две оштрице. Банова одговорност није ничим прецизирана, као што је била 1874. год, са баном Мажуранићем кад је био за Бана донесен посебан закон о одговорности (макар што је и овај био изигран). Свако зна да има на свету врло мало злоупотреба које људи ураде да би за њих затим одговарали, а много више оних које неко уради без опасности да би за сваку злоупотребу посебну морао одговарати. Чак су мађарски министри председници Векерле, Куен и Лукач изјављивали да је хрватски бан одговоран само угарском Сабору, што је стварно значило, одговоран угарској влади, односно угарском министру председнику. А ово је одиста било бедно!

Са овим капиталом своје тобожње аутономне слободе дошли су 1918. год. у Београд, за уједињавање са Србима, оних 23 члана загребачког Народног вијећа, које ће затим и сами одступити са власти у корист опште краљевске владе. Ово ће Народно вијеће извршити тек после једне доста организоване побуне на загребачким улицама, где су извршени масакри Срба! — Али и ово што смо навели о таквом постављању хрватског бана избором из Granте, није било најжалосније. Колико је била исправна оптужба хрватска да је њихова отаџбина осиромашена улазећи у Југославију, показаће следећи противни факти.

Према Нагодби хрватско-мађарској, од 1868, сви порези из Хрватске и сви приходи те земље морали су бити шиљани у централну благајну у Granту. Још је до године 1893. постојало „Финансиално равнатељство" за целу Хрватску, са седиштем у Загребу, али је после тога оно укинуто. Што је најгоре, постављена су доцније посебна финансијска равнатељства у свакој жупанији, чији је циљ био само да скупи новац, а да регистре о томе пошаље право у Granту! Споменимо затим и ово: макар што је у тој Нагодби стајало да мађарска влада већ од 1869. била узела обавезу да шаље хрватској влади тачан извештај о свима хрватским приходима, то мађарска влада није ипак учинила ни до краја прошлога рата и до пропасти Хабсбуршке монархије! Она се није сматрала ни дужна да полаже икакве рачуне, него је Хрватску третирала као и остале мађарске жупаније.

Међутим, Хрвати су 1921. одбили већ испочетка не само пројект Стојана Протића за Устав чисто федералистички, него и Видовдански устав централистички, као што би одбили и трећи, и четврти, и сваки други. Међутим, за преглед државних рачуна, тај балкански централистички Устав видовдански, у члану о Главној контроли као врховном рачунском суду, доноси решење какво Хрвати никад нису познавали у Хабсбуршкој монархији. Према члану 117, Главна контрола, бирана од Народне скупштине, „дужна је да прегледа, исправља и ликвидира рачуне опште администрације, и свих рачунополагача према државној благајници. Она мотри да се не прекорачи ниједан издатак по буџету, и да се нека сума не премести из једне партије буџета у другу. Она завршује рачуне свих државних управа (!), и дужна је прикупљати све потребне доказе и обавештења. Завршни државни рачун подноси се Народној скупштини на решење, са примедбама Главне контроле, и то најдаље за једну годину (!), рачунајући од завршетка сваке рачунске године!..." Из овога се види разлика коју је Хрватска могла наћи у нашем Уставу, противно начину по којем је Мађарска изводила према њима Нагодбу од 1868: не полажући им никаква рачуна за пуних 50 година последњег тако незаконитог живота у заједничкој Монархији...

Да споменемо на крају још једно друго чудо из те хрватске „аутономије".

Према истој Нагодби од 1868, све шуме на територији „краљевине" Хрватске јесу хрватско државно добро, и само хрватски Сабор одлучује о продавању тих шума. Али и ово је било само на папиру, као и све друго што је Мађарска признавала Хрватској, а што је Хрватска примала за готов новац: Мађарска је све те шуме уписала у мађарске грунтовнице, као шуме мађарске, којим једино мађарски Сабор и мађарска влада слободно располажу, без питања хрватског Сабора...

Хрвати су покорно подносили све ове бруталне мађарске злоупотребе. Али никад нису смели мађарским грофовима и баронима за овакве крађе довикнути реч: „Лопови!", као што су нама несметано урадили већ другог јутра децембарског оне фаталне 1918. године... Они су се, напротив, задовољавали тим што су правили највеће несреће Србима у Хрватској. Они су како пише сам Старчевић, Србе пекли на ражњу у њиховом селу Перушићу (родном селу хрватског бана др Ивана Субашића)... Уосталом сви су параграфи Нагодбе овако изиграни, а има их 70!... Зар нису Хрвати сматрали за увреду свом Хрватском државном праву, да у Сабору спроведу и приме и закон „жељезничку прагматику" који наређује да на хрватским железницама буде постављено мађарско чиновништво, и заведен административни језик мађарски?!...

Свакако, из овог што смо горе говорили, види се јасно хрватски правни менталитет, који је толико унео нереда у нашу мирну и поносну кућу, као извор обмана које су збуњивале и тако мале мозгове у нашој политици, али охрабриле највеће корупционаше у нашој држави.

***

Осим што нису могли Хрвати прежалити свог хрватскога Бана и свој хрватски Сабор, улазећи потпуно равноправно у заједничку државу Југославију, нису могли прежалити ни свој Загреб. Наиме, било је за њих врло болно што су Загреб и Љубљана централистичким Уставом били остављени као две провинцијске вароши, или као што Србијанци кажу, паланке. Хрвати су, нарочито у XIX веку, веровали да ће једном Загреб бити престоница и стожер свију Јужних Словена. Међутим, у његовом односу историјскога значења, Београд је природно однео победу. Загреб је уопште један неисторијски град, чак и у самој историји хрватској. Он се први пут спомиње у историји када је у XI веку хрватски народ, после убиства Звонимира у Книну, својевољно позвао мађарског краља Ладислава II, да дође и заузме њихову хрватску државу. Ладислав је одиста прешао Драву и дошао до Загреба где је основао данашњу њихову хрватску бискупију. — Град се тада састојао од два засебна града: Загреба, као свештеничкога града, у којем су живели и управљали клерици (њих 32); а други град се звао Градец, у којем су живели лаички сталежи. Између ова два града ишла је граница која је била један поток по имену Медведица. Најважнији историјски доживљај Загреба, био је када је цар Фрања Јосиф 1859. наредио патентом да се оба града уједине под именом Загреб. — Ето целе историје града Загреба. — Међутим, наш славни Београд је познат од IV века пре Христа као историјски град првога реда, још од времена кад се под Римљанима звао Сингидунум; и што су под њим биле тучене велике битке за хришћанство; што је био престоницом и деспота Стефана, сина косовског кнеза Лазара, пуном познатих манастира и цркава. Свако зна да је лично султан Мехмед II, освајач Цариграда, стајао пред Београдом кад је овај град освојила коначно његова војска.

V

СТЈЕПАН РАДИЋ, ПОЛИТИЧАР

Радић је био главна политичка личност коју је Хрватска избацила првих година државе Југославије. Он је дао максимум оног што је Хрватска могла дати у политичкој зрелости и државничкој мисаоности. — Срби су из XIX века изишли са успоменом на двојицу великих државотвораца, какви су били Карађорђе и Милош, и на своје велике државнике, као Илија Гарашанин и Јован Ристић; а затим и ушли у XX век са једним Николом Пашићем и Милованом Миловановићем, и са неколико генерала као из *Плутархових животописа*: величине војводе Мишића и војводе Степе. За Србе, дакле, хрватски партнер, Стјепан Радић, није био човек који је представљао свој народ са оним сјајем са којим излазе епохалне личности да на раскршћу историје укажу на правац којим његов народ треба да иде. Значи, Радић је био човек једног времена, а не и једног столећа. Ја искрено верујем да је он био као и они знаци на алпијским стрмим стазама, који, напротив, показују правац којим не треба ићи! — Последња реч о Радићу у историји његовог народа, припашће оном ко буде писао одвајајући политику од полемике, дело од авантуре, интелект од темперамента, борбу од ината, пркос од уверења.

То је био човек који је као ветар ушао у какву дворану у којој је поломио све што је дотле стајало мирно на свом месту. Без икакве користи за своју отаџбину хрватску, он је учинио неизмерну штету отаџбини српској, какву није учинила раније ниједна непријатељска војска која је нападала ону земљу. Он је угасио код нас све свеће куд је наишао. За неколико година његовог учешћа у нашем животу, наша земља није више у моралном погледу показала друго неко помрачење, анархију, осрамоћеног хероја, неисцељивог болесника. И Пашић и Краљ су читав низ година били везаних руку пред овим вођом гомила од којег се у земљи нико други није чуо, и чијој фурији речитости није могао ставити краја ни разум, ни претња, ни љубав, ни тамница. — Радић је ипак био више доказ посрнулости српског друштва и нереда после европског рата, него доказ снаге и отпорности Хрвата после слома Хабзбуршке монархије. Доказ, да иако су Срби победили Аустрију, далеко су били од тога да су победили и аустријанштину, од чега је српско друштво убрзо оболело, а затим и потпуно подлегло.

Било је једно доба, када Београд није зарезивао ни султана, ни ћесара, и чија је војска од постанка државе увек имала пуно јаче и многобројније непријатеље него што су били Срби и њихова војска. Али је Србија увек пристала да им прва изиђе на бојиште. Београд је био окамењен пред бујицом речи на митинзима, или клевета у парламенту, и штампи и цркви овог бунтовника, којем се није одрицао патриотизам и кад му се одрицала добронамерност. — Кад се Стјепан Радић први пут појавио у парламенту, Хрвати су сами поручивали у Београд, да са Радићем долазе онамо људи најмањег друштвеног и духовног сталежа, због његове мржње на интелектуалце и дотадашње представнике културе њиховог Загреба. Одиста, ово се осетило већ у првом додиру са Србима, изашлим са славом из последњих ратова, у којима су дали доказа и херојства у борби као војници, и витештва на муци, као грађани.

Личност Стјепана Радића није одиста ничим ни спољашње освајала у српској средини, где су бар оних „тридесет горњих", што кажу Енглези, ипак дотле вредели више него тридесет горњих у ма којем од осталих околних народа. Радић је био спољне неугледан, занемарен, распојасан, и језичаст, без одлика које даје добро друштво, или салон, или брижљива библиотека. Био је уз то и кратковид толико да није видео ни оног с ким је разговарао. Та кратковидост је учинила његову визуелу према стварима увек ограниченом на најскученији облик видика, а одузимала му је и моћ да лако разликује, прихвата или не прихвата људе, по оном по чему су они најчешће или симпатични или несимпатични: по њиховој спољашности, погледу, осмеху, изразу, осветљењу лица. Он је овако говорио са светом кроз кључаоницу. А као сви физички недостаци што направе људе загрижљивим или злим, овај је недостатак правио Радића човекомрсцем, и природно неповерљивим, и зато неумереним у начинима, и нестрпљивим у речима.

Љубав за сељака била је у њему пасивна, пркосна, програмска, смишљена, више него што је показивала интереса за тешке бриге сељакове, колико се очекивало. Ово ћемо и доказивати у овом напису. Стјепан Радић, сеоско дете, био је одвећ загребачки буржоа.

***

Ма колико на први изглед, различан од Анте Старчевића, он је углавном његов ученик и наследник. Нарочито по елементу мржње и некритичности у свом вербализму којим је био испунио свој живот и своју јавну делатност.

Ко је Анте Старчевић?

Старчевић је био богослов — са три године теолошког факултета у Пешти, и носио је собом особине које су долазиле из те средине и из те школе, више него из Лике, сунчане и зелене, макар што су и тамо одавна живеле српске крвопије. Овај „хрватски Катон" и „отац Хрватске" познавао је лично и Гаја и Јелачића, које је најпре обожавао да их затим укаља и попљује. Кад је (шездесетих година прошлог века), Анти Старчевићу требало да се запопи, осетио је да за такву мисију нема ни потребну контролу себе, ни оданости цркви, ни побожности. Као такав, наравно, отишао је у једну канцеларију адвокатску, да затим опасну своју манију и навику парничара унесе у своју политичку идеологију. Стога, место на Немце, ударио је одмах против Срба. Да се популарише, ударио је и против Мађара, као бранилац Хрватског државног права, по којем је назвао и своју странку када је стварао Праваштво, истодобно кад и Штросмајер своју Унионистичку странку по речи унија (која се односила на унију са Аустријом против Мађарске). Тражио је и да се Краљ крунише у Загребу, хрватским краљем, као што се 1867. крунисао тад у Будиму за мађарског краља — што у Бечу нису схватили за једно исто. Више бунтовник него револуционар, и више кавгација него и борац, као што ће бити доцније и Радић, Старчевића због једног говора оптужују и затварају на шест месеци. У малограђанској средини Загреба, то је било довољно да неко постане херојем и вођом.

Међутим, Анте Старчевић није пришао буни Еугена Кватерника „за отцепљење од Хабсбуршке монархије". Ова је буна букнула у Раковици, 1871. Побуњеника је било само једна чета. Звонила су пуно звона и католичка и православна. Вођ и генералштабац ове побуне био је ислужени штражмештар Раде Ђујић... Међу осталим побуњеницима био је и један православни поп на коњу! А кад је изишла војска да угуши буну, једним плотуном је погинуло 12 побуњеника, и пао православни поп са коња. Шеф буне Кватерник је погинуо у фијакеру. Фердо Шишић је писао да су Кватерника убили сами Хрвати.

У Сабору, на улици, у друштву, Старчевић је био творац мржње против Срба, које су до његовог времена убијали само по наредби свештенства. Старчевић је покушао чак и да створи неку „научну србофобију". Славене је, као и Немци, сматрао већ по имену *Squiavi*, створеним за „робове", „непријатеље цивилизације", „оружје сужањства", „пролазне речи", „нижа раса"; а реч Србин доводио је од речи сужањ, сервус, или од речи свраб, или свраебеж.

„Мислите ли ви", писао је Старчевић, „да се против тој грдоби не буде сложило све што је крепостно, све што је божје?... Вандали су", писао је даље, „много племенитији". — Све Срби што имају, украли су од Хрвата: јунаке, династије, Косово, Марка Краљевића, Милоша Обилића... А нарочито Косово, на коме су се борили сви осим Срба. „Нема", каже, „ни трага српској народности". Кнез Лазар је похрваћен, јер је он „нема двојбе, нечисте крви..."

Старчевић је зато први „научно" тражио истребљење Срба. Пишући на једном месту, како горделиви Срби сматрају вешала као срамну смрт, он жали што за ову њихову аверзију нису знали хрватски сељаци у Перушићу када су на ражњу испекли два Србина... Његова овако „научна србофобија", иако није учена по школама као ботаника или зоологија, она је слушана у његовим говорима, и читана у његовим књигама и после његове смрти, као последња реч једног динамичног патриотизма, као завет; и проповедана по црквама, као побожна мудрост. А због ње је

Старчевић познат у Хрватској као Шекспир у Енглеској, или Данте у Италији! За њега пише његов биограф, свештеник др Керубин Шегвић, да је Старчевић „најгенијалнији муж што га је дала Хрватска у XIX веку, и на свету..."

Нема одиста ниједног Хрвата на свету који у своје време није био старчевићанац. А Стјепан Радић је продужио баш оданде где је овај „хрватски Катон" и „отац Хрватске" био стао. Старчевић и Радић су за живота имали и своје смејаче, али на крају су ипак уписани у хагиографију свог чудног народа. — Оно што је Стјепан Радић узео од свог учитеља Анте Старчевића, то је та безобзирност према туђој логици, укус за популарни парадокс и плебејску доскочицу, и уопште ону неумереност са којом су њих двојица правили своје поставке какве ниједно друштво, осим хрватско, не би могло поднети. Ово је можда један психички случај за какав Срби у Србији никад нису знали ни по причању. Ко буде од Хрвата у младости читао Старчевића, а данас Стјепана Радића, тај неће бити изненађен покољима Срба у Хрватској Анте Павелића, последњег вође старчевићанске Странке права. Старчевић, Радић и Павелић, то је политичка и духовна династија хрватска, три „оца Хрватске", који се не могу замислити један без другог. Хрват др Динко Томашић, усташки агитатор у Америци, пише („Journal for Central European Affairs", април 1942) ове речи: „Старчевићева Правашка странка везана је са усташким покретом и установљењем садашње Независне хрватске државе." *Sic*! Праваши су били, пре свега, антисрпка странка у Хрватској све до Радића и Павелића. У својим данашњим говорима, зато и Анте Павелић, шеф државе, једино и велича Анту Старчевића и Стјепана Радића.

***

Стјепан Радић је врло чудан и по целој својој каријери. Био је пађеник од детињства, сиромашак до краја живота: мученик своје ћуди, више него и свог идеала. Радић је провео за своје политичке кривице укупно седам година у тамници... То је трећину свог целокупног политичког деловања! Ово је све већма заоштравало његову грађанску борбеност, али и све већма мутило његов политички видик, његов смисао о правом и нормалном људском животу, и огорчавало његов карактер.

Такав је дошао и међу Србе.

Благодарећи успеху свог рано преминулог брата др Антуна Радића, он већ 1905. приступа остварењу једног великог политичког сељачког покрета, стварању своје сопствене Сељачке странке, која ће толико страшну улогу играти у историји српског народа, да ће једино она узети одговорност за оно што ће историја доцније нанети као своју одмазду.

Све је у Радићу заблуда и пркос, залет и слабост, јунаштво и устук. Увек материјално скроман и поштен, без лакомости, непоткупљив ни новцем ни речима властодржаца, он је, међутим, био лаком на јефтину славу хаотичних маса. Пошто не постоји ни у сукобу елемената у природи отпор какав у маси људској постоји према мудрости и поретку, он је у тим масама тражио отпор и пркос. Он је био свој народ опчинио и залудео својим реченицама и предугим и хаотичним, замршеним и увек двосмисленим, без логичне поставке, ни смишљеног закључка. Због овог су га сматрали и филозофом. На једном његовом летњем митингу у неком хрватском селу, неки дечко је испустио из недара голуба, и овај се, полузаслепљен од изненадног сунца, залетео у хиљаде Радићевих слушалаца, да затим облети око Радића који је стајао пред њима, и најзад падне пред њега, нашто се цео народ бацио на земљу: „Дух Божји, пао је на Стипу!" Са оваквим политичким масама, и оваквим њиховим вођом, тешко је било и замислити да се једна држава нађе на послу где је требало пуно хладног разума а мало демагогије. Због оваквих случајева, Никола Пашић, који је изговорио мало речи на овом свету, налазио је да ће Радић одиста разградити све оно што су други били саградили. Одиста, са таквом славом ће овај хрватски политичар и ући у историју свог народа.

Прави идеолог Хрватске сељачке странке и вођа Стјепана Радића, био је његов брат др Антун, који је био у Хрватској задругар, на начин српског заслужног задругара Михајла Аврамовића, који је чак и у Бугарској покренуо први задругарски покрет. Антун Радић је био остао сељак више него што је и његов брат Стјепан постао грађанином. Он је веровао да сељаштво, које је проширено у Европи као главна класа од Балтика до Јадрана, мора имати и главну реч, и истаћи већ заједнички принцип за нову демократију сељачку, противну старим културама и старим установама. За хрватско село, донде врло занемарено, први је др Антун Радић рекао да већ може постати политичком јединицом. Ово мишљење, јасно и смело изражено, и бачено за време Хабсбуршке монархије, као принцип „за владу народа", које је требало бити проширено у народу у вези и са грађанским класама, и без виолентних средстава: кроз школу и васпитање, и у име „људских права".

За овим социјалним мислима свог брата, Стјепан Радић је пошао, и наставио око 1905. Хрватску сељачку странку. На последњим изборима, уочи рата, бирачко је право било знатно проширено, и укупни број бирача износио је 200.000. Радић, који је изашао на те изборе са девизом „сељачка правица", није показао пуно успеха. Овако, најпре у Аустрији а затим у Мађарској, и најзад у Хрватској, продрло је било опште право гласа, и скинути окови са хрватског бирача, спутаног феудалистичким анахронизмом, строгом и убојитом црквом, и овешталом бирократијом. Али Радићева се снага још није дотле приметила више него по његовим узбудљивим говорима. За Аустрије, она је добила свега три мандата, или 3/100 од целог Сабора. Али ће она тек после рата, и после уједињења у Југославији, постати великом и највећом странком, благодарећи пометњи коју је она изазвала у нашем политичком животу, и погрешкама српских вођа. Радић, по својим демагошким особинама, имао је одлике једног бунтовника више него политичара. Он је уживао у клицању својих маса, и у мржњи својих противника. У Хрватској је Радић са презрењем говорио о дотадашњим „господским странкама" чиновника и беспосличара, кад их је требало разбити. Ово разбијање није било тешко, пошто су се оне добрим делом брзо асимиловале. „Стара политика" (1865—1905), пала је пред „новом политиком" сељачком (1905. и даље). То је било као Стари и Нови завет у Библији.

Његову странку су упоређивали са великим покретом Радикалске странке у Србији, додајући и да је она нешто више: јер је Радикалску странку направило неколико њених вођа, а ову је странку направио једини Стјепан Радић. — Није се овакав покрет видео ипак још од времена сељачког бунтовника Матије Гупца, који је са Србима из Жумберка, дигао буну против господских изелица, и који је био на загребачкој пијаци спаљен, уз свечано учешће загребачког бискупа са свештенством, заставама, крстима и свећама, још у XVI веку. — Зато је Хрватска сељачка странка и искључила из даљег народног култа феудалце Зринског и Франкопана, а као свог духовног оца, указом свог вође, поставила Матију Гупца на њихово место.

Стјепан Радић само у једном погледу остао је нарочито везан за своје хрватско сељаштво: он се служио његовим речником, имао сељачке ситне видике, знао само за сељачке уске путеве, био тежачки тврдоглав, паорски искључив, гејачки неповерљив. Онако неповерљив је могао бити само сељак. Никад ми Срби не бисмо могли замислити у својој средини и на челу својих влада, овакве политичаре. Мало пре Радића, у Шапцу је држао сличне говоре неки Куртовић, који је био напуштен од свију слушалаца, и брзо онемогућен. Срби, људи од акције, као такви, мрзели су егзибицију у речима. Мудро ћутање Пашићево, направило је, претеривајући, међу Србима одвратност према „сјајним говорницима".

Срби не могу замерити већини Хрвата што су у политици показивали сервилну оданост од 1914. године аустријској политици надвојводе Фердинанда, која је народ довела до рата. Нису били године 1914. много јуначнији ни чланови коалиције српско-хрватске, која је, приликом објаве рата Србији, дала у „Србобрану" скрушену изјаву „лојалности", позивајући чак и друге народе Монархије да се окупе „око пресветлог престола", што је било и више него што се очекивало.

***

Тек после уједињења, Радић је изашао врло смело са својим осећањима, и јасније него и са својим идејама. Срби се нису могли да снађу, после својих тешких ратова и сјајних победа, које су биле задивиле свет, када је овај разбарушени хрватски беседник показао своје поништавање за Србе, за њихове државне навике, монархију, и имена српских великих државника који су дотле водили нашу Краљевину. Срби нису још знали за овај начин хрватске афирмације. Било је за Србе саблажњиво све што је, већ у првом додиру с њима изговорио овај ученик „хрватског Катона" и „оца Хрватске", којем се Кватерникова буна Раковичка чинила славнијом од Куманова, Брегалнице, Колубаре и Доброг поља, а Хрватско државно право веће него Душанова царевина! После сјајних борби, наступиле су мале и простачке кавге; после мегданџија, инаџије; место јуриша оружјем, бујице најгорих погрда које су се икад чуле на једном митингу и у једном парламенту.

Ми овде понављамо: да са два политичара, какви су били хрватски идеолог Анте Старчевић и хрватски демагог Стјепан Радић, не би изишла на крај ни каква држава много старија и много стабилнија, него што је била она несрећна Југославија, на рачун које су се стварале странке, и народни покрети, и репутације, и славе појединих вођа, и корупција у једној донде поштеној кући, и најгоре име за један од европских народа најплеменитијег соја.

Слава Стјепана Радића у његовом народу јесте да је он био највећи непријатељ Видовданског устава из 1921. године.

Уочи уједињења и за време загребачког Преврата, Стјепан Радић је био избачен из Народног вијећа крајем 1918, и био ухапшен већ почетком 1919, и он је остао у затвору до избора за Уставотворну скупштину. Он је пуштен на слободу на сам дан избора да би бар својим гласањем учествовао у изборној борби своје странке. Избори су били заказани за Уставотворну скупштину већ 7. септембра 1920, за 20. новембар 1920. Ово последње малтретирање овог већ и одвећ злостављеног човека, озлојеђеног и на људе и на живот, нервозног и неподношљивог за сваког у његовој околини. У Загребу бунтовник, он је већ дошао у Београд као осветник.

Рад око новог Устава био је не може бити исправнији. Кад је већ 1. марта 1919, сазвана прва „заједничка Скупштина" (састављена од 81 члана старе српске нишке Скупштине, и 200 новоизабраних посланика из свију других покрајина, они су имали задатак да спреме услове за израду новог Устава).

Видовдански устав је изгласан 28. јуна 1921, који су Срби назвали простодушно „видовданским", као што су и из Ниша, 1914, поручили Хрватима да је нови рат и за њих „ослободилачки". Али Хрвати, који се од свега трзају, и увек закерају, више су мислили овде на српску косовску идеју, него на југословенски Устав за нову државу, због чега тај српски елемент није требало нарочито ни истицати. По њиховој памети, ово је било доста изазивачко. Наше босанске муслиманске вође ово је такође жацало због алузије на велику турску погибију, и трагичну смрт Султана. Словенцима је опет Устав, због овог наслова, изгледао неком православном књигом. За све њих је Видовдан подсећао више и на Сарајево него на Косово!

Први пројекат новог Устава био је, као што се зна, дело Стојана Протића, старог радикалског политичара и државника, човека поносне прошлости, који је за своја слободњачка начела био, за време краља Милана, и у тамници, и онамо носио турске букагије. Овај је Протићев пројекат предвиђао широке аутономије с правом да оне израђују и покрајинске законе — (нешто налик на оно што су чланови Југословенске демократске лиге сањали на Леманском језеру у свом сну о држави). Овај федералистички пројекат Устава одбили су и Радић и Корошец, истичући да он тобож није давао никакве гаранције. — Свако зна да је већ спочетка кад је Радић тврдио да је федералиста, Корошец изјавио да је републиканац! Колико су биле прецизне идеје ових двојице политичара, може се мислити по предлогу који је тада учинио Радић: да Србијом управља српски Краљ, Хрватском њен хрватски Бан, а Словеначком њен Президент...

У једном моменту, и у свом једном политичком говору, Радић је позвао и Чехословачку да врати Мађарској Словачку коју јој је отела.

Кад је морао творац овог одбијеног федералистичког Устава, Стојан Протић, одступити, Никола Пашић је, преко своје странке инспирисао нови став, сасвим централистички. Устав је противницима Хрватима и Словенцима изгледао да ставља Србију за главну земљу, српски народ за главни народ, православну веру за главну веру, а Београд за главни град; а сам случај што је био дело радикала, он је Хрватима и Словенцима изгледао великосрпски. Под именом Видовданског устава, он је одиста био изгласан 26. јуна 1921. Гласали су за Устав углавном радикали и демократи (223 против 194). При гласању су напустили Скупштинску дворану Хрвати и Словенци (159), и социјалисти и комунисти и земљорадници (35). — Услед овог неслагања избили су и други сукоби око Изборног закона, чији је творац био Пашић, због чега су опет при гласању напустили Скупштинску дворану исти посланици, а остали да гласају опет само радикали и демократи.

Пашић је примио борбу дигнутог визира и са гвозденом рукавицом, потпуно решен да иде до краја. У оно се време, као што је познато, сменило неколико влада већ у бури која се наслућивала: кабинет Давидовићев (од августа 1919); кабинет Протића (од фебруара 1920); и кабинет Веснића (од маја 1921), који је и правио изборе. Веснића смењује Пашић, који увлачи у кабинет само српске демократе, Словенце (Корошца), и босанске муслимане (Спаха).

Међутим, остаће даље на бојишту главни противник Радић, који већ тада није показивао мере у својим речима. Спочетка је ова бујица речи била само побуна једног необузданог и незграпног темперамента, али — ово треба добро запамтити —

доцније ће Радићева борба против државе и Устава добити и неку своју научну подлогу, када та осионост постаје и разумљивија.

Само његова прерана смрт је учинила да он оде с овог света само остављајући успомену на једног бунтовника и осветника, кад је он већ био престао да буде само то двоје, и кад је пошао да буде државник, са својом већ израђеном идејом (1925) о држави какву његов хрватски народ жели.

За првих пет година државе, постојао је најпре двобој Радића и Прибићевића, двојице људи из исте земље, старих познаника из Прага, обојица одвећ ватрених и необузданих за једну мисију каква је политичка. Прибићевић је знао Радића само као непријатеља Срба. Били су њих двојица створени или да један другог поједу, као што се пламенови поједу међу собом, или да један другог пригрле. Догодило се ово обоје. За првих пет година је Прибићевић био главни београдски „експерт" за Хрватску, а после тога је постао главни хрватски „експерт" за Београд!

Србијанци нису још били открили српску Лику и Крбаву, нити су што знали његови политичари о Загребу. Ово криминално незнање нису ничим онемогућили ни главни наш Универзитет, који је мирно посматрао све нереде који су уношени у питање српске историје, етнографије, етнологије и статистике. Некад су један др Јован Цвијић или Стојан Новаковић давали Пашићу идеје које он није успевао сам имати. У прво време, међутим, за све случајеве у Хрватској био је компетентан само Прибићевић, који није био човек од књиге. У новинарству заступали су Пашића људи из групе др Лазе Марковића, који нису опет били људи од пера. Прибићевић је добио амбицију да се сматра наследником Пашића, а Марковић да постане државником у Пашићевој разбијеној војсци. Прибићевић је био створио у Хрватској свој лични режим, а његови наследници у странци, свој лични морал. Др Лаза Марковић је пак највише допринео да славна Радикална странка изгуби свој престиж и најзад скрене на своје коначно беспуће. А све се ово догодило кад је једна снажна странка могла да спасе државу.

Пре потпуног повлачења са власти, Пашић је својим очима видео да је велика несрећа за једну странку да има једног одвећ великог човека, место једног добро организованог принципа. Оно што ће странка тих година већ отворено показати као први знак обољења, доцније ће је потпуно и пре свог великог шефа однети из живота.

***

У борби против Устава, управо против Београда, Радић је, како смо раније споменули, био занемарио сваку бригу о свом сељаштву, и водио борбу као каква буржоаска странка, чак странка велике буржоазије. За разлику од његовог пријатеља др Корошца, он је углавном уживао у свом вербализму. Економски програм странке Радићеве, био је не може бити гори. Финансијски, тако исто.

Ево доказа.

Стјепану Радићу се приписује што нису на време направљене наше државне железнице и водени путеви, а што је донело пуно штете послератном промету и саобраћају. Светски рат је био искварио наше пруге и оставио у крајњој мизерији наш железнички парк, скоро неупотребљив након рата. Ово је била Београду главна брига. Највише је ово погађало баш Хрватску и Далмацију, које нису ни за време Хабсбуршке монархије никад добиле везе са приморјем, осим пруге која од Љубљане иде преко Загреба за Београд. Направљена је једино, већ у аустријско време започета, уска пруга Загреб-Книн-Сплит, али је ипак требало 24 сата до нове престонице! Београд је имао у глави два железничка правца: Београд-Ниш-Солун, што је делом и урадио, добивши онамо и своју слободну зону; а затим правац Београд-Сарајево-Сплит, коју линију није Радић ни помињао! Саме луке на Јадрану су биле једва у стању да задовоље домаће потребе; а кад се у нас показала готовост да дадну једну слободну луку Мађарској на нашој обали, онда се показало да ни Шибеник ни Сплит не одговарају овој потреби! Везу обале далматинске са Дунавом, није нико ни покушавао да популарише... Не треба обилазити врло велику кривицу Хрватске сељачке странке, што су сви њени протагонисти већма волели да буду законодавци као Солун и Ликург.

Ово су Радићеви слушаоци највише платили новцем. Југославија је ово хрватско ометање изградње железница платила падом своје валуте, а то значи милијардама штете.

Са финансијском политиком Хрватске сељачке странке, било је још горе. Радићев Загреб је већ од почетка добио амбиције да постане градом богате буржоазије. Тако је дошло до инвазије туђег капитала, већином из Пеште и Беча (који, и поред њихових домаћих невоља, нису пренебрегавали ни велику политику). Посредством онамошњих великих јеврејских капиталиста, Хрвати су набављали капитале и на већим европским пијацама. И то толико, да је Загреб постао главним новчаним тржиштем у Југославији.

Али је у овом поступљено са пуно незнања. Загребачка новчана пијаца била је експозитура туђих капитала, највише мађарских и бечких банака и зато је Загреб изгубио равнотежу, што је изазвало онамо праву психозу. Неки мисле да је таква страшна криза била завела у психозу и политичаре који су водили познату разуздану опструкцију у Скупштини, и довели до атентата. Кад је дошло до краха бечког *Kredit-Anstalt*, и затим и до новог кредитног система у Америци, како каже један добар познавалац загребачких прилика, цела је она земља са новчаним Загребом била из темеља потресена... Краткорочни се кредити уопште повукоше, који су већ од 1918. до 1928. били пласирани у несолидну индустрију, већином на систему заштитних царина. Кад је дошло да се туђи капитали повлаче, уздрма се и загребачко банкарство, и земља дође до катастрофе. — У ово доба је Радић изговорио своје најдуже говоре на својим митинзима о балканизму и византизму Срба. Никад није напао загребачко банкарство, које је упропастило малог сопственика.

Говорио је о корупцији Београда. Међутим, данас и Хрвати увиђају да су Срби ту корупцију могли научити само од својих нових суграђана. Јер се видело да од свију корупционашких афера (бар доказаних), није била ниједна равна корупционашкој афери трговине са уложним књижицама Прве хрватске штедионице, највећег новчаног завода у Југославији. Та банка је омогућила да читава једна организација буржоаских профитера купује од неуких улагача уложне књижице за 30% до 40% њихове номиналне вредности, и да их препродају за 60% до 70%, а каткад и 90% номинале. Тако су малим улагачима из варошица и сељацима из Радићеве странке украдене стотине милиона динара, бар пола милијарде! (Овако је писао и један Хрват.) А ми смо у Београду добро знали да је већ прва Диктатура, која се зове и ауторитативни режим, имобилизовала овај велики хрватски новчани завод да би се користио мораторијумом. — Видели су сви Хрвати да је једина београдска Народна банка, у којој ваљда има и српског новца, и то више него ичијег, положила пола милијарде да спасе њину банку од катастрофе и националне срамоте пред целом Европом.

Никад Београд није показао овакву неукост и овакав политички морал. Никад се он није протезао дуже него што је био његов губер. И Београду су из Пеште и Беча, и пре него Загребу, нуђени овакви капитали, али их је он одбио. Ни предратна Србија није знала за банкротства ни погађање са кредиторима. Турска је доживела некад три банкротства, и толико исто и Грчка, а Румунија је била уопште изгубила кредит на свима странама. Србија је, напротив, била свуда позната са својих уредних финансија. И Југославија, међутим, имала је, већ одмах две милијарде дуга (истина, половину ратног Француској, Енглеској и Америци; и с овом последњом регулисала отплаћивање, а са другим такође на време покушавала да то исто уради). Сматрала је да ће златна подлога олакшати ове отплате. Немачки писци су први приметили да је врло вешто урађено и са стабилизирањем монете, без стране помоћи, на 9.12 до 9.15 швајцарских франака за 100 динара. Они су тврдили да наша влада чека само активан биланс да се уведе и златна валута! Од горњег регулисања дугова, после тога, било је могућно очекивање и инвестиционих зајмова. — Хрватски политичари никад нису пред Скупштину изнели ни свој финансијски, ни економски, ни просветни програм, него, и кад су правили највеће економске и финансијске погрешке, они су вапили да их други покрадоше!

Једна од ретких скретница, иако само наизглед, била је политика Радићева 1925. године. Радић је тад учинио изненадни обрт и окренуо кабаницу. Павле Радић посланик, дао је 1925. год. једну велику и важну изјаву у име њихове странке, да она признаје и Устав, и јединство, и монархију, обећавајући братску сарадњу... Ово је било врло уважено у Београду. Након скоро три године одсуства, његова се странка враћа у Скупштину, а ускоро затим улази у владу главом и сам Стјепан Радић. Али ни учешће у државном послу са једним Пашићем, није задржало да Радић не одржи неколико увредљивих говора као што су били говори да ће се о леђа хрватског сељака разбити жезло Краљево, и да је узвишена Краљица нова Помпадура, што је увредило и скандализирало цео свет.

Свако јутро је освитала у београдској штампи, увек склоној скандалозној хроници, киша блата из говора које је те године изговорио Радић.

Познато је да је влада Пашићева затварала Радића, 8. јануара 1925. Тада је већ 8. фебруара 1925. дошло до нових избора, док се Радић још налазио у хапсу. Радић је добио овај пут 61 мандат (од 83 мандата која су свега постојала), на територији Хрватске и Славоније и Далмације, а затим девет мандата из Босне и Херцеговине.

Ово се изборно тело сматрало легално, и донело затим као једини наследник хрватског Сабора (који није био никад укинут), извесна решења о којима се у нашој штампи (заузетој Радићевим говорима до ситнице), није ни говорило, а које ми доносимо ниже да се добро запамте:

Народни посланици из Радићеве странке донели су решење да питање јединства и уједињења у Југославији није било донето у хрватском Сабору као једином компетентном за таква решења, него је Сабор игнорисан. То је уједињење донело Хрватско народно вијеће које је једно нелегално и револуционарно тело, и чији закључци нимало не обвезују хрватски народ... Према томе, један нови хрватски Сабор једним једним потезом пера у стању је да потпуно поништи акт од 1. децембра 1918.

Ово нико није у штампи српској ни забележио!... Овај се крупни случај чак и прикрио од српске јавности!

Радићеви посланици који су овако тријумфално изишли из избора фебруара 1925, донели су још и овај програм своје политике: 1) тумачење, поштовање и провађање воље хрватског народа; 2) пуна и неограничена права националног самоопредељења; 3) практични пацифизам и човечност, који се за хрватску земљу могу осигурати једино кроз њену организацију као једна неутрална сељачка република.

Вође Хрватског сељачког покрета израдили су 1925. год. и будући Устав неутралне сељачке хрватске републике, у који су Хрвати сматрали да су унели све принципе савремене хумане и пацифичке политике модерног света, на бази принципа хрватске задруге сељачке, из којих је потекла и већина Сељачке странке. Суверенитет нације прокламираће се кроз плебисцит на територији сељачке републике! Уставна питања кроз право иницијативе и референдума по законодавним питањима. (Петиција потписана од 100.000 пунолетних потписника, била је довољна за плебисцит, и да буду поништени сви дотадашњи закони и обавезе у вези Хрвата и њиховог учешћа у оној држави „троимене браће".)

Овај Радићев Устав говори прецизно о свима човечјим правима, које он изрично гарантује народу у републици: лична безбедност, неповредивост, укидање смртне казне, слобода збора и договора, богоштовља, и штампе; опште обезбеђење економско, просветно и социјално. — Република није требала да има стајаћу војску, него само одслужење војног рока... Држава је одговорна морално за напредак просвете и економских извора: слободе звања, трговине, укидање царинских тарифа. Држава ће специјално бринути о индустрији, банкарству, кредиту итд. Неутралност ове републике предвиђа гаранцију великих сила! Нема потребе од дипломатских представништава, него само од конзула и културних аташеа...

Основе овог Радићевог Устава биле су изграђене већ и пре 1925, али горњи успех на изборима учинио је да се пожури и са извесним новим одредбама: у принципу, уставне поставке су већ биле готове у Уставу, а ова држава је могла бити сутрадан прокламована... (О том Уставу говори и др Динко Томашић у горе поменутом чланку у америчком часопису.) Он каже да је Стјепан Радић већ спочетка ишао у Беч, Лондон и Москву да заинтересује свет за хрватско питање о независности! И да направи међународно питање од хрватског питања. Хрвати нису нашли одзива, пошто европске државе нису пристале да дискутују унутарња питања појединих држава...

Ко је код нас знао да је Радић 1925. год. имао у џепу свој готов Устав, и да је спремао да поред живе Југославије прокламује једним тајним плебисцитом своју сопствену државу Хрватску, коју је са нешто плебејског хумора пред самопоузданим Београдом називао безазлено „сељачком републиком у Југославији"! Али „независном" републиком, пошто је она већ имала и свој Устав у џепу Радићевом, поред живог Устава од 1921, који су Срби назвали Видовданским!

Сматрајући да је Акт од 1. децембра 1918. био самовољни акт револуционарног Народног вијећа, а не компетентног и законитог хрватског Сабора у Загребу, Хрватска сељачка странка није никад формално признала Акт уједињења ни државу Југославију. И зато нису ни Радић ни Мачек озбиљно тражили федеративни систем, него враћање на 1. децембар 1918, што значи поништење Акта о јединству! Ово смо хтели да нарочито докажемо у овој књизи.

Није дакле истинито оно злонамерно тврђење да су Хрвати федералисти, а стога и Срби централисти; него је тачно да су једини Срби били, макар и погрешно, за заједничку државу „троимене браће", а Хрвати само за своју сељачку републику, слободну и независну, за коју су били и направили Устав, и тражили по Европи да их стране силе помогну, али били одбијени. Овај покрет за своју републику, са својим независним Уставом, то није била „република у оквиру Југославије" као што су терали шегу ови хрватски уставотворци. Зато није ни њихова брига за федерализам у Југославији! Тиме су они јасно показали да пошто они онакву државу неће (ни монархију, ни Београд), сасвим природно неће за њу ни гинути ако се непријатељ јави на граници. Они су то непријатељима јасно и показали!... Тако су и београдске режимлије требали да знају да: „Аве Марија, живела република", нису речи за смејурију Београду, него припрема за кидање са Београдом.

Ово је сваки паметан човек могао погодити и по држању Хрвата и Словенаца већ првих дана у Уставотворној скупштини. Зато, кажу, већ године 1919. пала је у Београду реч „ампутација". О томе се пуно говорило и после тога. Приписују Пашићу једну географску карту са том „ампутацијом", где је његова странка предвиђала за Хрватску само три хрватске жупаније.

Другу карту такве ампутације израдили су генералштабни официри (Симовић итд), чија линија иде од Вировитице до на близу Сиска, и оданде на Уну, одакле линија силази ка мору, да сврши нешто северно од Шибеника. — Зато ми верујемо да Срби, што су све даље ишли од Пашићеве смрти, а затим Краљеве, све су већма падали у руке политичких спекуланата и дилетаната, и најзад изгубили свој пут. Никад иначе српски народ не би задржавао у заједничкој кући хрватски народ који искрено није желео никакву заједницу. А ово стање српски народ не би ни одуговлачио, тим мање што одласком Хрвата и Словенаца из те заједничке куће, Срби не би ништа изгубили, него сасвим противно.

Наши режимски неваљалци и игноранти су се користили угушењем слободне штампе, и једним подлим Пресбироом, да све сакрију и од народа и од наших пријатеља у демократским државама, што је нанело највећу штету моралним заслугама Србије из 1914—1918. год.

VI

ДР АНТЕ ТРУМБИЋ, ДИПЛОМАТ

Др Анте Трумбић је био првих година Југославије, и после Радића, највећи противник Видовданског устава од 1921, док није најзад ауторитативни режим поверовао да ће спасти државу ако смакне њен Устав. И смакнуо га 1929. године.

Др Трумбић је, при образовању прве Југословенске владе, био узет за њеног првог министра иностраних дела у кабинету Стојана Протића чија се попустљивост према Хрватима видела по његовом нацрту Устава, врло федералистичког. Овај су нацрт Хрвати одбили као што ће се много доцније први бацити каменом и на Конкордат који је католичкој цркви нудио све одштете које су јој учињене у самој Монархији хабсбуршкој још од времена Јосифа II. — Трумбић је у млађим годинама био старчевићанац, што човек остаје и даље целог живота по једном погледу на свет, као што балерина остаје балерином и кад пређе у монахиње. Трумбић је можда од свију Хрвата најдубље мрзео Србе, што доказује случај што је он међу њима највећма волео оне који су најгори.

Његово учешће у политици Београда као престоници нове заједничке државе, било је не може бити кобније. Могло би се рећи да је уопште постојала у нас једна спољна политика до Трумбића, а друга после Трумбића, по лошем начину и недостојанству с којим је вођена, истина за нашу срећу не дуго времена. Човек врло егоцентричан, са поверењем у себе какво се види само код људи простачке сујете, површне учености, префињености јунака из паланачког салона, човека који је у патриотизам уносио речитост полуадвоката, а полуфратра. И новинарску редакцију и католичку сакристију, верујући да су православље и Српство разлог што Хрватска не постаје великом државом, а њен народ првим народом. Његово неповерење према породичном менталитету међу православним народима, који су силазили од Архангелска до у предграђе Шибеника, испуњавало је његов живот неприкривеним трзањима и слутњама.

Трумбић је био тежачко дете из околине Сплита и школован у Загребу. Ово су многи од нас који нисмо прошли на та врата осећали у његовом начину мишљења, неумерености у амбицији, неумеравању у изразима, смелости у примању на себе дужности које су га увек премашале. Он се као тежачко дете био одметнуо у господу као што се други одметну у хајдуке. Због овога се писало у француској и енглеској штампи о свима људима који су за време последњег рата долазили у додир са државницима лондонским или париским, али не о Трумбићу, представнику Јужних Словена бивше Аустроугарске монархије, како се он представљао, пошто име Хрвата није изгледало довољно познато.

Трумбић је по нашем уверењу указао својим радом и председника Југословенског одбора и шефа спољне политике једног нашег прелазног доба, да је нова држава једна нова предрасуда, да она није плод херојства него случаја, ни мудрости него туђег интереса, ни заједнице националне него једног рата у коме је опасност за опстанак удруживала и беле са црним и жутим, и велике са малим и најмањим, и народе са великом историјом и културом са народима непознате историје и неизвесне културе.

Трумбић је зловољу према Србима откривао пред странцима без савлађивања. Својом акцијом борца у емиграцији шкодио је себи и као министру спољне политике нове државе. Талијани су нарочито добро знали личност овог задарског посланика из далматинског Сабора, split-ског адвоката још за Аустрије и далматинског антиаутономаша. Зато им је он био разговетнији у Рапалу долазећи преко Сплита него какав Србин долазећи из Пашићеве школе.

За име др Трумбића, хрватског политичара и првог министра спољних послова Југославије, везана је успомена за један можда највећи фијаско наше дипломатије. То је Рапалски уговор од 1922. год.

Нашим присвајањем целе Далмације, Београд је имао свој први дипломатски сукоб са Италијом. Већ одавна је било у свету, на нашу жалост, акредитирано мишљење да ће Југославија, ако икад буде остварена бити природни трабант Италије, и да ће требати с њом поступати врло увиђавно (као што су затим радили Сфорца и Нити), или некомпромисно (као што је доцније радио Мусолини). Већ су године 1904. Италија и Аустрија дале гаранције Албанији за њену независност а Албанија је била отад пробни камен за све односе и планове између Монархије талијанске и Царства хабсбуршког. Кнеза Вида је стога истерао оданде само европски рат. Године 1909. и Русија је у Ракоњићу, после анексије Босне и Херцеговине, одобрила продирање Италије на Балкан на штету Аустрије на европском истоку. — Године 1912. кад је српска војска сишла на Драч, Италија је са задовољством сазнала да надвојвода Фрања Фердинанд и Конрад фон Хецендорф стоје готови да поново заузму Санџак, који је Монархија била напустила након анексије, и да протерају Србе из Албаније, у чему их је засмео само стари император. Овом приликом је Сазонов тражио од Италије да не омета Србији да на Јадранском мору добије једну луку за свој извоз, али то Италија није урадила позивајући се на њену горњу гаранцију из 1904. да заједно с Аустријом бране целокупност Албаније. Тад је и сам Сазонов рекао Цару: „Ми не можемо ратовати због Драча", пошто одиста умало да том приликом није дошло до рата. У Бечу су се смирили тек кад је Холвег изјавио да Немачка неће ратовати осим ако савезници, Италија и Аустроугарска, буду нападнути. Ово је био први сукоб Београда са Римом.

Ми смо имали 1908. године с Италијом извесно приближавање, кад је извршена анексија дотле само окупираних Босне и Херцеговине, пошто су се и Србија и Италија сматрале тешко погођене овим насиљем; Италија је у погледу државном, пошто је Далмација тиме губила свој неопходни хинтерланд, и што је Хабсбуршка монархија још боље усела у област Јадрана; а Србија зато што су јој поново отете области где живи искључиво српски народ за који је он и водио све новије ратове и крваве устанке. Али, чим је дошла Албанија поново 1913. у питање силаском целе избегличке наше војске, Краља и владе, на Драч, талијанска флота није хтела да по обавези превози француску муницију и енглеска одела и храну за стварање новог српског фронта према Немцима и Бугарима од Драча до Солуна. Она је пустила да пола војске српске умре од зиме и глади на тој обали.

Са оваквим успоменама, Србија је видела Лондонску конференцију 1915. када су савезници, задобијајући Италију да уђе у рат на њиховој страни, обећали њеној влади после рата уступање неких острва и једног дела територије на далматинској обали. Тим је и сасвим отворено показано да је било примљено и међу нашим савезницима уверење да је Југославија могућна само као трабант велике Италије, нарочито због чисто словенске

Далмације, коју је цео свет упркос свих статистика сматрао венецијанском земљом, „део светог дела Италије". Преко Балкана на Егејско море, било је у плану Савојске династије, као некад у доба цезара Августа и градитеља античког пута *via Egnatia* од Драча до Византа.

Већ 17. децембра 1920. су Енглеска, Француска и Јапан признале нарочити интерес Италије у Албанији.

Лига народа је 2. новембра 1922. обећала своју заштиту против напада на целокупност Албаније. А заслугом конференције амбасадора приликом уласка Албаније у Лигу народа признато је Италији „право приоритета и председништва" у случају интервенције „за заштиту интегритета" ове мале земље.

На самом завршетку рата 1914—1918, питање између нас, будуће Југославије, и Италије налазило се у једној доста спокојној заветрини. Талијански председник владе Нити, споразумно са Клеменсом и Лојд Џорџом нудио је једно задовољавајуће регулисање будућих односа са Југославијом, настојећи да се прими његов Меморандум у којем се скоро наметала такозвана Вилсонова линија.

Наш државник Никола Пашић је добро увидео фрапантну истину: да питање Далмације не постоји као посебно питање, него као део албанског питања, то јест питања јадранских врата на Отранту; и да стога питање далматинске обале и острва не треба посматрати ни као питање национално, ни империјалистичко, ни историјско, него као стратегијско, и стога као животно питање за Италију. Ово ни Трумбић ни остали Хрвати нису никад разумели. Трумбић, посланик Задра, и адвокат из Сплита, био је уверен да Далмација има два непријатеља, Србе који ће својом војском увек себи правити границе какве буду намислили, и Италијане које већ и тако, снагом инертне масе, потискују

Хрвате у један мрачан угао. Он је веровао да треба бити опрезан према оном шта Талијани нуде и шта Срби од њих примају.

Пашић је био присталица да се оберучке прихвати Нитијев предлог у поменутом Меморандуму. Ово већ и стога што иза Нитијевог предлога стоји готова сагласност двају главних фактора Француске и Енглеске, оштрог Клемансоа и непомирљивог Лојда Џорџа, а којима се придружује и Вилсон. Овај Нитијев предлог учинила је Италија у јануару 1920. године, у седници са горњим државицама од којих ниједан, припадајући поморским велесилама, није био индиферентан за решење јадранског питања.

Нитијев предлог је остављао Југославију: пола Истрије, читаву јужну Словенију (Идрију, Постојну и Снежник) предвиђајући за градове Ријеку и Задар, режим слободних државица под контролом Лиге народа! А Задар чак у царинској унији са Југославијом!... Довољно је било да Пашић нешто хтедне, а да Хрвати из подозрења то одмах одбију. Њихов ондашњи најмудрији човек и највећи Европљанин, Трумбић се одмах одупро Пашићу, и Нитијев је предлог био одбијен. За српску дипломатију ово је био један незграпан и фаталан гест једног дилетанта, провинцијалца, политичког сноба, шовинисте и журналисте.

Београд није могао наћи жалоснију сатисфацкију него да самог др Трумбића одреди да он иде и уреди питање граница између наше државе и Италије. Ово је било решење на проласку преко неба једне одиста кобне звезде. Девет месеци доцније, др А. Трумбић закључује чувени Рапалски уговор по којем Југославија губи: Истру, читаву поменуту јужну Словенију, град Задар, док је Ријека доведена у положај да после кратког времена буде уступљена Италији, 1924. И тако се догодило оно што потпуно одговара вечитој набуситости Загреба према вечитој прибраности дотадашњег Београда. Онај лавовски део који је хтео Пашић примити баш зато што га је нудила сама Италија, са свима савезницима, одбачен је, а хрватски први државник и први дипломат, др Трумбић све то испушта из руку и Рапалским уговором губи све тековине рата на тој страни државе. У бестидном оптуживању Срба за њихов централизам на почетку државе, Хрвати су прешли преко ове најгоре услуге својој Далмацији, кад су већ у Рапалу показали Талијани да се са таквим дипломатама лако прелази преко Нитијевих и Сфорциних предлога: да им се, напротив, наметне овако једно господарење потпуно у стилу некадашње Венецијанске републике. Али ово није сметало да Трумбић и даље остане за Загреб важна личност. Још кад је после Рапалског уговора изгубио свој положај министра спољних послова, и затим, огорчен, постао највећи непријатељ Видовданског устава, С. Радић га је примио као сарадника, а доцније др Мачек као главнога саветника. После смрти тога дипломате, он је међу великане хрватског народа ушао као велики човек. — Али је био већ после Рапала изгубио положај министра иностраних дела.

За Србе, који су за Рапалски уговор везивали главно и битно питање на Јадрану, Албанију, као врата Балкана, овај Трумбићев Уговор је био полазна тачка за све доцније уговоре са Италијом, који су морали, као последица овог главног споразума, бити све гори од горега. И сваки од њих крајње унижавајући и опасан. Србија је имала своју спољну политику и са Византијом и са средњевековном Бугарском, и Мађарском, чак и са Турском, али се види из сваког примера да ниједном приликом није урађено него само оно што је било неодољиво неизбежно, у логици прилика. Али Хрватска која је сама позивала странце да окупирају њену државу, или прихвате њену аутономију, или да се својевољно одриче своје независности и тобожњег Хрватског државног права, она је у истој логици сада Рапалским уговором уступила своје понуђене најбоље границе странцима, за најгоре решење које им је странац наметнуо како је хтео. Није чудо што су и 1941. примили решење које је долазило од странаца само голом силом.

Раније мала Србија је водила ратове и закључивала мирове, и правила мирнодобне уговоре и војне савезе. Ја верујем да ничег горег није направила него Југославија са др Трумбићем овај рђави и далекосежни Рапалски уговор. Са идејама о држави које је имао Стјепан Радић, и идејама о дипломатској вештини које је показао др Трумбић, могу неки наши српски Југословени који верују у „хрватску сарадњу" лако закључити о вредности такве сарадње за нашу државну сигурност.

Србија, макар онда и мала, непотпуна и сиромашна водила је понекад политику једне културне и моћне државе. Кнез Михаило је закључио савез с Црном Гором 1866, затим споразум с комитетом бугарских првака у Букурешту 1867, затим савез са Грчком августа те исте 1867, и с Румунијом пакт пријатељства 1868. У наше време Србија је имала јак наслон на Русију и Француску а затим на Енглеску; имала је савез Грчке и Бугарске за рат против Турске и ослобођење Балкана. Затим је чак Београд и после рата отргао времена од унутрашњих непријатеља да створи савезе Малу Антанту и блок Балкански споразум, против којих су се Хрвати борили унутра свим могућим средствима да их компромитују слабећи државу, док оба савеза нису пала у безизлазност и затим у пропаст. Међутим, поред свих успеха наше српске дипломатије у борби са увек јачим непријатељем, и са увек врло несигурним пријатељима, требало је само девет месеци дипломатисања брата Хрвата др Трумбића да и само Српство поднесе његовим радом један посебан и директан пораз: Срби су изгубили северни део Албаније који је био резервисан за њих Нитијевим предлогом!... Не би било чудо да је Трумбић упропастио све наше могућности из 1920. године Нитија и Сфорце, само да упропасти српске могућности на Скадру.

Постигнувши са нашом дипломатијом све што су хтели, где је др Трумбић извесно изгледао префињеним Талијанима доста бизаран саберседник, Талијани су лако кренули даље истим путем. Као природна последица Рапалског уговора др Трумбићевог, дошао је затим и Римски уговор од 1924. којим је укинута тзв. Слободна држава Ријека, која је као обична талијанска сплетка формирана поменутим Рапалским уговором, и после којег је доведена у безизлазан положај економска независност северозападне Далмације. У истој атмосфери Рапала, потписане су и Нептунске конвенције 1925. којим се даје пристанак Талијанима да се усељавају на нашу територију, и право да на њој нађу запослења... Најзад је дошло, да задобивши Ријеку 1925. на северу, Италија на југу објављује свету свој Тирански пакт 1926. године и претвара Албанију у своју колонију, и којим из основа руши равнотежу на Јадрану на нашу штету, и ствара опасност за стожер наше политике на линији Морава-Вардар. Тирански пакт је пресекао нашој држави њену вену куцавицу, пошто је њиме први пут минирана политика „Балкан балканским народима". Мусолини је овим пактом постигао један од најсјајнијих успеха који је икад постигла једна дипломатија, пошто су овим Талијани ушли на Балкан као у своју кућу. Италија Тиранским пактом закљученим између Италије и Албаније 27. новембра 1926. добија право „активне контроле над правом албанске независности" насупрот „београдским смицалицама", што се одмах сматрало да Албанија постаје концентрациони простор против Југославије.

Ово је природно бацило у велику бригу Београд, макар што је увек добро знао да после Рапалског пораза на северу мора логици исте политике, доћи и до сличног пораза на југу. Али је ипак Београд био изненађен прецизношћу ове логике и брзином овог поступка. Ово тим више што су се Југославија и Италија биле споразумеле да се о уговорима које би оне желеле закључити, међусобно претходно извештавају, што, међутим, Рим овом приликом није учинио. Ахмет Зогу, којег је Београд био о свом новцу омогућио да дође на власт у Албанији, није више био клијент наше државе, него се продао за скупљи новац Италији, и нарочито се осилио кад је из Албаније протерао свог противника Фана Нолија, који ће ипак и сам потражити прибежиште у Италији.

Рапалски уговор и катастрофа на северу Јадрана, дали су Италији јасну слику о моралном стању међу тројицом браће у Југославији. Италија је била најбоље обавештена од наших унутрашњих непријатеља са њиховом политиком с оба Рима, колико је много трулог у тој Данској које су се раније плашили сви суседи кад се звала малом државом. Користећи се временом кад су код нас ломили копља разни букачи, Италија је раширила своју пропаганду на обе обале Јадрана. Њено пристаниште Бари оснивањем универзитета установило је богате стипендије за балканске студенте. Италија је углавном сконцентрисала сву своју пажњу на нашу кућу која је рушена сопственим рукама оних који су је тобож градили за векове. Заузевши Ријеку, Италија је већ 27. јануара 1924. са Југославијом закључила Пакт о пријатељству а задобијајући Албанију, Италија је већ тражила од Бугарске да такав исти пакт о пријатељству закључи с Албанијом. Талијански *Drang nach Osten*, који се сад звао *penetration pacifique*, био је из Рима кренут врло вешто, али и врло лако. Независност Албаније од Рима и Београда подједнако, којим је Тирански пакт донео ново стање ствари, дао је у руке Мусолинија све кључеве Балкана.

Да је Југославија била краљевина Србија са слободним рукама од унутрашњег непријатеља, никад Италија не би смела покушати што је урадила. Никад Србија не би мирно примила овај ударац. Италија је у овом рату пошла била на Солун и не би се задржала до под Цариград да храбра грчка војска није разбила њихове колоне на путу *via Egnatia* њихових предака. Оно што није успео да уради херојски српски народ, урадила је славна и вечна Грчка, која у скорој историји није имала наш Рапалски уговор ни у земљи имала Тројанског коња.

Италија је већ од 1918. схватила да је њен животни интерес био у томе да постепено заокружује државу краља Александра, и она је то радила у једном правцу који није познавао ни прекидања ни замора. Са Тиранским пактом између Рима и Драча, обруч је био довршен. Међутим, треба знати да је две-три године доцније Италија ипак предлагала да са Југославијом и Грчком подели Албанију: север, који је католички, уступан је Југославији; југ, који је претежно православни, давала је Грчкој; а центар, који је сав муслимански, задржавали су Италијани за себе. Београд није сматрао да добија Скадром толико колико губи балканска његова политика видећи Талијане у Драчу са њеном сагласношћу. И одбио је овај пазар. Онда је остао и празних руку. Али је извесно Београд гледао овде у даљи видик, с ону страну политике фашизма и његових моменталних успеха. Тако се морало све оставити да се можда у албанску ствар умешају неке од великих пријатељских сила. Али ово није учињено. Енглеска која је спречила Талијане у њиховој авантури на Крф, није их спречила у овој много опаснијој авантури у Албанији. Немци су покушали да интригирају говорећи да Енглези нису учинили свој препад у Италији, чак без претходног знања Енглеске. А кад је Немачка заузела Чехословачку 1938. године, Италија је прогласила Албанију делом своје империје, и свога императора краљем земље Скендербегове, али овај пут, извесно, и без обзира на Енглеску.

Италија је после Тиранског пакта, у Албанији, као у својој колонији направила инвестиције највећег могућег степена. Основана је након уласка Албаније у Лигу народа 1925. у Риму Албанска народна банка са лавовским делом талијанских удеоница и талијанским председништвом, која је развила албанску спољну трговину, подизање великих магацина, у приморским лукама, тако да је Италија у том берићету била ангажована са 75% док је Југославија била ангажована само са 3% у увозу и извозу оне земље. Италија је већ од почетка монополисала за себе сву трговину, поморство, рибарство, путеве, мостове, важне петролеумске концесије, кад су амерички стручњаци тврдили да са талијанским извесним минералом из Сицилије и Абруци може постати најинтересантније тржиште петролеума у Европи.

Београд је знао каква несрећа наилази са Тиранским пактом. Дошло је до сукоба с Римом, и Балугџић је повучен из Рима. Министар спољних послова Нинчић пао је на овом питању. Биле су и неке мање војничке демонстрације на југу наше границе. Али је Југославија, растргана унутра, била немоћна да покаже иједном спољном непријатељу свој престиж.

Трумбићева спољна политика била је да се напусте западни пријатељи и савезници, нарочито Француска. Ово очевидно што није била обазрива према његовим настојањима као шефа Југословенског одбора, и Енглеску, у којој је Лојд Џорџ и одвећ често показивао дивљење заслугама Србије. Трумбић је, као сви дилетанти, хтео спољну политику из основе нову, друкчу по правцу и начину; сасвим противну политици Николе Пашића. Он је једном изнео, према неком немачком писцу, овај свој лични програм: „Доле са централистичком владом која је чинила грешку за грешком, пораз за поразом. Треба нова оријентација и спољне и унутрашње политике. Остављање на страну Запада, особито напуштање Француске која ништа није користила (!) и напуштање Италије која је направила гвозден обруч око Југославије и ову оштетила. Наместо тога, оријентација према Истоку; федеративно преустројство државе у савезу са Бугарском, са којом би се имала створити балканска држава која би морала одржавати најтешње односе са Русијом". Трумбић хоће Велику Балканију!

Пре свега, Трумбић је говорио, као што се види, по Радићевом примеру, речи које су требале да изненаде и да изазове коментаре. Он није разумео да није довољно уједињење са Бугарском покретати из наше земље, па да на то и Бугари пристану, кад међу њима постоји македонско питање. Јер Бугари нису никад заборављали да су они изашли из рата са Србијом и Грчком не само тешко побеђени, него и тешко оштећени. Она се тим ратом видела пред овим резултатом.

Никад у наше доба, осим у доба Стамболијског, који је био рођен за комесара у Москви пре него за политичара на Балкану, није долазила из Бугарске жеља о уједињењу. Али, и у доба Стамболијског је уједињење са Југославијом била једна политика тактика, да се тиме реши македонско питање у границама наше земље на једној „братској" основи: што би се најпре тражиле школске књиге бугарски писане за школе у Македонији. Хрвати су једини сваком приликом, и то препадом, говорили о једној држави с Бугарима, чак и под једном династијом што је у Софији изазивало негодовање. Хрвати су о том уједињењу с Бугарима хтели да се ова политика крене из Београда; да изазову бугарску династију на реакцију према нашој династији. Ако ли би то успело, да Хрвати са запада, а Бугари с истока у великој Југославији као између две челичне плоче мајоризирају и удаве српски народ... Једини разлог што је овај хрватски предлог, оваква интрига, покретан нешто опрезно, било је што Хрвати нису налазили и за повољно ако би се Бугари нашли негде заједно са Србима као два православна народа.

Међутим, све сугестије о великој словенској Балканији, биле су за Хрвате само празне досетке и антисрпске интриге да покажу Бугарима колико у Загребу жуде за бугарским православним братством.

Трумбић говори о наслону на Русију, макар што је православна Русија оно од чега они највише зазиру. Хрвати, казујући се као у доба Рачког и Штросмајера панслависти бар културно, тиме су само покушавали не оставити Србе саме да својатају Русију и из тог извуку неку корист. Када је закључиван Лондонски пакт 1915. Хрвати су нашли да Русија жели једну што већу православну државу Србију.

Уосталом, кад је Трумбић дао онако неуки предлог за Русију, то није могло бити озбиљно и стога што је Русија у оно време већ била бољшевистичка, дакле на сасвим несловенском терену, и завађена с целим светом. Трумбић, као и Радић, и остали државници загребачки, показали су Србима колико би било лудо поћи путем који су они препоручивали. Београд није све до смрти краља Александра узимао озбиљно њихове предлоге, али је већ после њега наша и спољна и унутрашња политика пошла као барка низ воду која је изгубила своја весла. Тешко је помутити памет једног човека, али је лако помутити памет једног народа.

VII

ДР АНТОН КОРОШЕЦ, ДРЖАВНИК

Као некад бискуп Штросмајер, пореклом Немац из Осијека, или каноник др Франо Рачки, Словенац из Рача, и др Корошец је носио собом срце борца и душу свештеника. Крст и мач заједно. Али се може рећи и да је од 1918. до 1930. носио у себи и памет доброг рачунџије и окретног трговца. Хрвати су му пребацивали да је ловио у мутној води српско-хрватских лоших односа, што не би сметало да Корошец буде и много бољи словенски патриот него југословенски грађанин. Као католички свештеник, он је био природно везан већма за свој црквени торањ, него за широки видик државни и идеализам свесловенски. Он је представљао практично хришћанство и догматички комерцијализам.

Међутим, у његовом случају нико не би друкче поступио. Корошец је био из мале земље и са малим намерама. Срби нису Корошцу приговарали за његов одвећ видан локални патриотизам и стално збрињавање словеначких домаћих брига: свештеници су у политици увек утилитарци.

У државу Југославију, велику 249.000 квадратних километара, Словеначка је ушла са свега 18.000 квадратних километара; а то је тринаести део од целе површине. Југославија је имала петнаест милиона становника, а Словеначка је према томе стајала са својих једва милион душа; а то значи и петнаести део народа у тој држави. Па ипак и са том 1/13 земљишта, и 1/13 народа, Корошец је успео да без квоте, којом се у Хабсбуршкој монархији одређивао држављанима удео у општим бенефицијама, Словеначка, напротив, поставила је себе у Југославији као једнак осталима другим двама од југословенских племена и њиховог земљишта.

Да су Словенци и Хрвати остали изван нашег оквира после рата, као што се могло догодити да је то само Србија од савезника захтевала, оне би затим поднеле исте последице какве и друге покрајине два побеђена царства: плаћале би ратне репарације, поднели катастрофу једне пропале монете, итд. Као Аустрија првих година, оне би гладовале; или као Мађарска из доба Беле Куна, оне би потонуле у бољшевизму и поднеле револуцију. Везујући се за Србију оне су без обзира на своју аустријску кривицу међу савезницима изишле као да су били њихови пријатељи... Без обзира на свој допринос у новој држави, оне су одмах хтеле равноправност, коју Хрватска није имала након Нагодбе 1868. у Монархији хабсбуршкој. Обадве ове земље су се, поред осталог, испрсиле у Београду већ првог дана као аустријски војници, пуни пркоса, Корошец изјављујући да је републиканац, а Радић федералиста. Овај тражи да Хрватском влада хрватски бан, а Србијом српски краљ, тражећи за Словеначку да њоме влада словеначки президент. Радић нуди Бугарској српску Македонију и позива Чехословачку да Словачку врати мајци Мађарској. Само да изазову пажњу на себе, да се допадну нашим непријатељима, да унесу што више нереда и расула. Међутим, оне су без ове гордељивости прихватиле, и брзо пожуриле да држава промени њихову пропалу монету у великодушној размени 1:3, и користиле су се ратним репарацијама Србије, где су и они раније рушили и палили с Аустријом заједно. Том приликом је избила прва и велика корупционашка афера: они су мењали вагонима кријумчарене банкноте из Беча и из Help.

Словенија је снабдевала велики део српских земаља својим чиновништвом и радништвом, тако да није у једно време остао ни педаљ административног терена на којем се није видео Словенац чиновник. У 1942, лондонска влада је поставила у Канади посланика Словенца, не свакако на жељу Канађана, који добро знају да је Словенија примила у Љубљани непријатеља са словеначком музиком, а пети дан после бомбардовања Београда (13. априла) прогласила своју независност, макар што непријатељи на то нису пристали него Словеначку поделили. Други је министар некакав монсињор Кухар којег су поставили при избеглој влади Пољске, као да Београд нема никаквих намера у будућој Варшави.

Др Анте Корошец је имао већ од првог дана своје појаве у Београду престиж увек достојан, који није ни доцније био дискутован. Иронични и често цинични Београд никад није имао за њега ниједну опору реч. Он је почео министровати чим му се то понудило, почетком државног живота, затим у кабинету Пашића, Давидовића, Узуновића, Сршкића и других. Њега смо видели и у „тврдом граду", владе Вукићевића. И у првој Диктатури Пере Живковића. А кад се било натуштило из оба Рима, он напусти Диктатуру и 1932. пређе у одметнике. Корошец је био увек само опортунист. Био је увек и први саветник Круне, донекле члан камариле, и *eminence grise* у једно време. На свима раскршћима која су била у заветрини, Корошец је долазио на владу са изгледом да спасава ситуацију. Био је министар железница, министар полиције, министар социјалне политике (које је Министарство он и основао), и председник владе. Сматрао се стручњаком за све ствари. Уосталом, на ово се и није гледало: одавна су оној земљи министри постављани из обзира према странци, а не према влади и стручном портфељу; због овог су инжењери и адвокати постављани за министре просвете, а професори граматике у министарство грађевина, и дипломати у министарство трговине, а свештеници у министарство полиције.

Корошец, као шеф Словеначке, а не само своје Словеначке људске странке, сматран је био међу Србима као државник, а не само као политичар; то јест човек који је створен за крупне линије и важне скретнице, а не само дубок у плиткој води једног ресора. Зато је првих година неки Американац који је радио с Корошцем као министром железница, изнео како је Корошец тако мало познавао тај ресор, да је тражио да се набави што више црвеног уља, верујући да црвене лампе поред пруге горе црвеним уљем. Ово наравно показује амерички укус за стручност, више него Корошчево незнање у оном чега се он када латио.

Најистакнутији је био Корошец кад је, после Јевтићевог пада, ушао у владу тријумвирата кнеза Павла (Стојадиновић-Корошец-Спахо). Ми верујемо да је у ово време Корошец био дворски човек и *eminence grise*. Ова је влада била до оног времена најгора влада у погледу духовном и начелном. Она је у погледу спољне политике била фатална, чак и срамна, правећи при крају сервилне иступе према Италији, издајничке компромисе према Немачкој, везе сумњиве са Кјосеивановим, неочекивано и загонетно, да је тад неповерење Турске и Румуније онемогућило даљи Балкански савез, што је влада желела.

Кад је после кратке државничке каријере Јевтићеве и након избора 1935. године дошло до прегруписавања или заправо новог формирања наших политичких странака, потпуно без утицаја и без угледа, формирана је и странка Југословенске радикалне заједнице, Јерезе, која је у три године променила три своја шефа, само под цену да њени посланици сачувају своје мандате. Ово је био, ми верујемо, највећи скандал нашег парламентарног живота. Јереза је поред Југословенске народне странке, као друга странка поникла у диктатурама, а не у вољи народа. Ничег у овој странци није било урађено без Корошца. На београдској железничкој станици, на повратку са великих Стојадиновићевих путева у Рим и у Берлин, Корошец га је усхићено дочекивао на станици, прихватао га у наручје, и љубио у лице, као великог државника, шефа заједничке владе, заједничке Јерезе. Ово је уносило велики неред у народно оцењивање Стојадиновићеве политике.

Конкордат, који је Стојадиновић наследио од свог претходника, изнесен је пред парламент по савету Корошца, који је у оно време био министар полиције, и довео словеначку жандармерију да чува ред у Београду. Ово Корошца показује или лошим политичарем или злонамерним другом. Конкордат који је католичкој цркви давао права, која ниједна друга од равноправних цркава није имала (нарочито обећање повратка имања која су још одузета за Марије Терезије и Јосифа II, у другој половини XVIII века), замало што није изазвао револуцију. Стојадиновићеви односи са Герингом нису се могли ни замислити без споразума са старим верним службеником бечког двора, капеланом Корошцем.

Нико се овог не сећа када оптужује политику Стојадиновићеву као озлоглашеног творца нашег фашизма („сивих кошуља" и римског поздрава руком које су већ у провинцији биле опробане) да баци одговорност и на његова два главна друга у влади.

Једини наш државник који је имао и своју личну владу и своју посебну диктатуру, др Анте Корошец, није био никад оптужен за такав цинизам државника који се отворено, служећи се диктатуром, казивао републиканцем! Он је, као члан прве Диктатуре (односно аукторитативне владе краља Александра), природно био и један од њених архитеката 1929, а 1938. правио изборни савез у корист Мачека! Он је и 1932. био за враћање на 1. децембар 1918, а затим један од твораца у Купинцу, године 1939, Мачекове државе Бановине Хрватске.

Слично ће поступити 1941. године и његов наследник у шефству странке др Мијо Крек. Овај је 25. марта 1941. као министар гласао за Трипартитни пакт за сарадњу Југославије са осовином против демокрација, а затим 27. марта 1941. пристао на одбијање овог правца и за солидарност са силама демократским! Данас је цела Словеначка за независност под силама Осовине, а др Мијо Крек је у Лондону за независност Словеначке у Југославији (!) под протекцијом демократских сила, у слози „троимене браће". Овај главни идеолог лондонске владе, верује да ће и овај пут, као и 1918, заслуга српског народа и престиж његове војске бити довољно и да се створи и слободна Словеначка и слободна Хрватска само помоћу најгорих међу Србима.

Др Мијо Крек је онај исти министар Цветковићевог кабинета који је некад оптуживао Дражу Михаиловића, генералштабног мајора, због писменог извештаја који је овај генералштабни официр, бивши војни аташе у Софији и у Прагу, послао Министарству војном у Београд: тврдећи да за случај рата држава не би могла рачунати на словеначке трупе. На оптужбу др Мије Крека, словеначког министра, Дража Михаиловић био је оптужен и осуђен на 20 дана затвора од Крековог колеге, министра војног, генерала Милана Недића. Осуда је извршена пошто пуковник Дража Михаиловић није хтео да повуче своју тврдњу, рекавши: „Ја нећу повући своју тврдњу. Али шта ће бити ако ја имаднем право..." Заиста, словеначка војска се предала непријатељу. Колико се зна, само је код Крања дала отпора. Али ту су се борили само Срби.

Срби су могли да много науче нових начина од Радића и Корошца, али и од њихових заменика, Мачека и Крека. Лако је било претпоставити да ако после Мачека, који је остварио план свога шефа, неће ни Крек изостати иза Корошца, којег је заменио у шефству њихове странке. Довољан је био доказ како се њихова политика дефетизма у словеначким масама упорно прикривала. Довољан је горњи пример поступања у случају данас славног српског хероја Драже, од којег се тражило да тај дефетизам не открива.

Вратимо се на др Корошца. По духу Бечлија, колико и Словен, он није волео Србе, мрзео Београд, подништавао Југославију. Као словеначки католички свештеник, он је нашу средину сматрао безбожном; а као човек културан и уредан, сматрао је разузданом и пустоловном, с којом никад Словеначка није знала где ће најзад доспети. Словенац, парохијан по духу пре него грађанин и држављанин, али одувек везан колико за цркву толико и за државу, није схватао како се народ онако лако прилагодио неуставном стању кад су све слободе биле суспендоване, сва безакоња окушана, а сви диктатори кад им се одозго затражи. Срби су најзад дотле дотерали да су и многи најбољи жалили што нису близу Драгише Цветковића! Никад Словенци, баш најмање Словенци, мирни, позитивни, културни, даровити, нису схватали наш српски народ где се све решава заверама као у старом Бизанту: где је требало имати само цариградски гарнизон, па затим завладати целом Византијом.

Кад је др Корошец, не без обзира на расположење два Рима према аутократском режиму од 6. јануара 1929, напустио владу, дао је са Мачеком Декларацију за враћање на 1. децембар. Он се овим потпуно одметнуо. Најбоље се види политичка фигура др А. Корошца кад је у Словенији растурио своје посебне Пунктације, које су скандализирале најбољи део политичког друштва.

Овај случај представља мешавину демагоштва и макијавелизма, дефетизма и језуитизма. Корошец у тим Пунктацијама свом народу изјављује ово: „Не тиче ме се ни Југославија, ни српство, ни хрватство. Ја познајем само интерес словеначког народа, па ко окупи све Словенце у једну државу, и дадне им *en košček* аутономије, припреман сам да му палим тамјан, ма био то Мусолини, или Ото Хабсбург..."

Овакав доста незграпан испад није можда био и без извесне позадине, коју оног времена нису тражили дубље људе од власти, доста немоћни и пометени. Али овакав препад, који није никад направио ниједан наш јавни човек пре оне ере, нарочито је пао у очи због оних аванса Мусолинију и Оту Хабсбуршком баш у оно време кад је ревизионизам мађарско-аустријско-бугарски био у јеку... То је било и у времену наше економске кризе, која је пустошила за толики број година. Ове Пунктације неће бити никад избрисане из успомене српског народа. Оне су биле пример дефетизма, који је избијао у разним облицима кроз пуно година, али који је горња изјава иставила као главни спомен из заједничке државе и „троименог братства", након пропасти те одиста жалосне куће.

Протеран у Врњачку Бању због истих Пунктација, он се затим јавио болестан, и дао деманти на своју изјаву. Међутим, његове Пунктације су већ направиле свој утисак на словеначку публику, и нико није разумео шта је његов вођ сад овим демантијем погађао.

Корошец је тражио за своју Словеначку економску и финансијску независност, макар што је свако знао да Словенија постаје све више индустријска земља, нарочито због извоза у масама чиновништва и радништва. Корошец је чак тражио да Словенији ту економско-финансијску независност гарантују на свима позицијама које има у осам осталих бановина. Одговорено му је да је то претерано, као *mors tua vita mea*, али се он није никад задовољио.

Да се види колико је била та уцена државе, довољно је истаћи овај случај за Босанску Крајину. Ова епска покрајина има 1.200.000 душа, од којих је било самих Срба 700.000 душа. Међутим, цео буџет за 1938—1939 годину за Босанску Крајину износио је 39.000.000 динара, а за сам Универзитет у Љубљани буџет те године износио је 28.000.000 динара. Др Стеван Мољевић пише да је у овој години било 118.974 деце за школовање, али се нису могли школовати ни најскромније, због тога што им то није дозвољавао одвећ убоги буџет оне њихове Врбаске бановине. Опет напомињемо читаоцу да је Словеначка била само тринаести део територије, тринаести део народа у држави Југославији.

***

Данас, 1941—1942 године, седе у лондонској влади два словеначка министра, Крек и Сној, а на страни од оне шаке нашег председништва имају два пуномоћна министра Словенца, Цанкар премештен хитно из Аргентине у Канаду, и некакав монсињор Кухар при избеглој влади Пољске у Лондону. Овај престиж 1/13 наше бивше земље и народа „братског" чини да се на страни заборави и да је седам дана након бомбардовања Београда проглашено у Љубљани, 13. априла 1941, отцепљење Словеначке и независност посебне државе, коју ни силе Осовине нису хтеле признати, него су Словеначку поделиле.

Из свих наших рефлексија о др А. Корошцу излази да је овај словеначки велики човек и државник био и одвећ локални патриот и једномишљеник Радићев: он није никад мислио на федерацију у Југославији, као ни Радић, ни доцније Мачек. Он је верно остао до краја републиканац, макар ово не сликовало сасвим са католицизмом онако ортодоксним као што је у његовој отаџбини. Корошец је био уман човек који је добро разумевао да је Југославија једна творевина политичка а не народна, и да је кратког века, пошто су против ње и Хрвати и Словенци, а ни у Српству се за њу није нико отимао ни залагао осим српске режимлије. Словенци, сељаци, буржое и клирикалци, ни Хрвати реакционари по 700-годишњем тамновању у "аустријској тврђави реакције" нису у овом погледу никад говорили лажно. Њима није било непознато право осећање српских маса, макар што су Срби последњих десетину година имали своје политичаре медиокритете, ситног калибра, а највећим делом и корумпиране. Зато ни Словенци ни Хрвати нису веровали ни да српски народ има веће симпатије и илузије о Југославији него хрватски и словеначки народ.

Никад за време 23 године живота у Словеначкој ни знака признања српском народу што се није никад солидарисао са владама после 1934. и Краљеве смрти. И најудаљенији народи на свету су писали књиге о српском народу, херојству, песништву, средњевековним споменицима, и државотворству, али то Словенци нису никад ничим истакли. Али бар нису ни јавно клеветали на начин хрватски. На једној љубљанској пијаци стајао је на каменом коњу дивни споменик старог краља Петра као ослободиоца. Срби су осим тога чували благодарно успомену на старе словеначке научнике Франа Миклошића и Копитара, наше велике књижевне пријатеље, читали са љубављу Цанкара и Жупанчића, велике њихове писце, памтили да су из Словеније дошли Рибникари, који су српском новинарству дали два светла имена и два светла гроба у прошлом рату. Један Словенац је творац музике српске химне која је певана на свим бојиштима у дане наше величине, Даворин Јенко, који је међу нама и умро. Али је др Антун Корошец створио нову генерацију Словенаца који су, нажалост, преко Беча дошли у Београд. Старе симпатије за отаџбину Миклошића и Копитара, Рибникара и Јенка, поднеле су велике позледе оним с чиме смо дошли у додир у Југославији у задње време.

Да поново споменемо и ово:

Кад је год била реч о Корошцу подвлачило се да је он био главни од твораца Мајске декларације, у којој је на неколико месеци пре Крфског споразума 1917, Клуб југословенских посланика у Бечу изјавио јавно на уста Корошца да он хоће своју независну и слободну државу. Али нико не додаје да је Корошец са друштвом додао: „независну и слободну у оквиру Хабсбуршке монархије", без којих речи ту изјаву не би они у Бечу никад ни изговорили. А никакве идеје о независности они никад ни у прошлости нису изговорили.

Сад питамо: зар се по Мајској декларацији неко могао сматрати заслужним за Југославију.

Корошец је у доба кад је такозвани ревизионизам против наследних држава беснео у Европи био, као што смо рекли напред, највећи ревизионист, што се добро видело из његових Пунктација. Корошец није волео Србе и мрзео је Југославију. Као политичар, он је био догматик и феудални тип човека. Знао је да води једну владу, али не једну државу. У великој судбини наше земље, он није оставио за собом видљивог трага. Није за четврт века изговорио ниједан идеолошки говор.

Хрвати и Словенци, улазећи са Србима у заједничку државу Југославију, донели су међу нас Србе свој мањински менталитет. Зато је њихова борба била стално у реакцији а не у акцији. Зато они никад нису хтели да имају ни једнака права са Србима, него друкчија права. — Ми не знамо како је Словеначка за три последња столећа стајала бројно по становништву, али верујемо да је њена судбина била слична као у Хрватској. Међутим, у земљи Хрватској где су управљали од године 812. укупно 302 хрватска бана (са др Шубашићем, 303) опсег је Хрватске падао често до очајне мере. Хрватски историчар Смичиклас пише: „Под крај XVI вијека цијела Хрватска и Славонија спале су биле на пуке три жупаније, са три хиљаде порезнијех кућа, и то је била држава хрватскијех бана" (Смичиклас: *Повиест хрватска II*, 105-106). А ово „под крај XVI столећа", односи се на доба наше сеобе под Чарнојевићем! Када упоредите само ону гомилу Срба које је Патријарх превео преко Дунава, и која је износила најмање 30.000 душа, онда можете веровати да је овај народ избеглички за десет пута превазилазио онај број кућа пореских глава које су тад представљале цео хрватски народ...

Корошец се зато односио према држави Југославији не као представник једног народа, него једне мањинске групе. Он се казивао републиканцем, не из уверења, него из једног подсвесног осећања антагонизма према ондашњем гордом Београду: јер Корошец није могао бити републиканац: долазећи из феудалне Аустрије, саграђене на камену католичке цркве, члан аустријског клира, капелан једног старовременског Двора, становник реакционарског и фриволног Беча... Корошец се истицао републиканцем зато да би нашкодио нашој монархији.

VIII

СРПСКИ ЦЕНТРАЛИЗАМ

Срби су при стварању Југославије били непоколебљиво за централизам. И то сви Срби по свима својим покрајинама у земљи. Они су желели потпуно и безусловно и што тешње уједињење. Нико није помишљао да Београд има своје мане, да у Београду никад нису владали чисти Срби и да постоји посебно Београд, а посебно све остало. Дотле се ово није јасно видело као што ће се видети после смрти Пашићеве и Краљеве.

Ту струју централистичку у Уставотворној скупштини најбоље је представљао лично Никола Пашић, врло пуно прибојаван, крајње строг, дубоко поштован, са својом великом и заслужном Радикалном странком. „Зна Баја шта мисли." Ова наклоност за централизам, долазила је, уосталом, из његовог државноправног осећања, које је било неменљиво још од почетка српског историјског живота, још од средњевековне државе Рашке и Зете, које су имале свог сјаја и величине, а затим немањићске монархије која никад није била друго него савршено централистичка. Али никад ни аутократска, пошто су наши моћни краљеви и цареви владали заједно са својим Саборима. Историја већ познаје десетину таквих самих Душанових Сабора, од којих је и један био на ком је прогласио себе за императора Срба, Грка и Бугара, а на другим је прогласио свој Законик.

Монархистичко и централистичко осећање Срба долазило је из традиције цркве и домаће задруге! Старија српска породица била је јерархична. Сва велика остварења у историји српски народ је постигао у својој централистичкој држави: створио велико царство које је безмало захватило цео Балкан, створио своје средњевековно сликарство и књижевност, војевао са великим војскама, односио победе. О пријатељство Србије су се отимали највећи владари, као о пријатељство краља Милутина што се отимао император Андроник II. Чак кад се једном наша стара држава упутила федерализму, она се распала и пропала, као после цара Уроша. На ово се мислило и приликом градње Устава 1921. Зато су Хрвати мислили нетачно да је Србија централистичка што је имитирала Француску; као и да је Београд стога имитирао Париз, који је француски народ направио центром државе, на штету свега осталог.

Идеју централизма у новој држави носили су Пашић и радикали. И централизам и радикали давали су Хрватима утисак да је Устав великосрпски. За федералистички Протићев нацрт Устава нису тако мислили, али су Хрвати и њега овако одбили. То је довело два тридесетогодишња пријатеља Пашића и Протића, два заслужна државника, до сукоба који је трајао до краја њиховог живота. Демократска странка која је са радикалима гласала за Видовдански устав, данас је за ревизију Устава, и децентрализацију, и за враћање на 1918. Ова странка која је некад имала највећма изглед да заступи већ одавна ослабелу заслужну Радикалску странку, била је пример цепања међу шефовима: најпре се отцепио Прибићевић са његовом странком, а затим Маринковић напуштајући честитог Давидовића да би помогао обарање Устава. Доцније, 1939, бивши прибићевци, које данас води Будисављевић, били су главни атлети у утакмици у Купинцу за Споразум Цветковић-Мачек, којим је српска Босна и Херцеговина распарчана на бази Хрватског државног права! Демократи су се сад отцепили од свог програма какав су имали гласајући за централистички Устав, да затим тај Устав не чувају, него да оду у федералисте!

Пашић је сматрао централизам као систем који ће „браћу" приближити у заједничкој држави, а федерализам као систем који би их одалечио, разним баријерама које су увек веће од планина и дубље од река. Не треба ни помишљати да је постојао икакав други разлог Пашићевог југословенског централизма. Он је веровао „професорима" и „пречанима" да су Хрвати „зачетници југословенске идеје", са извесном резервом, али и без довољно сумње. Пуно је рачунао на помоћ у времену, у искуству, у стварању заједничких навика. Макар што је Пашић имао најгоре искуство са Хрватима у Трумбићевом Југословенском одбору, и тако исто и са њиховим првим изјавама у Уставотворној скупштини. И он је подлегао добронамерном начину свих осталих Срба: да се задња реч остави времену.

Никола Пашић рачунао је да ће се у Загребу осетити благодет Устава од 1921, нарочито са упоређењем Устава, тужног искуства са бечким апсолутизмом или Нагодбом из 1868. Рачунао је и да неће Хрвати једини на свету остати слепим пред заслугама Србије за ово што су најзад добили право да говоре како им је воља, и о једној монархији, и о жезлу једног краља, и о угледу једне општеобожаване краљице. Александар I је ушао у рат 1914. као југословенски ослободилац и врховни заповедник који је издао наредбу својим трупама да пређу границу, с тим да их онамо чекају Југословени. У овом смислу одржаван је и програм у Нишу, 6. маја 1915, под председништвом Ива Ћипика, познатог књижевника и великог Србина из Трогира у Далмацији, на којем је учествовало много Срба, Хрвата и Словенаца из Аустроугарске, било као емигранти, било као ратни заробљеници. Храбра српска војска је затим дошла, да се и на Крфу о другом не говори него само о југословенству. Ту је регент Александар и први пут дошао у додир с југословенским интелектуалцима, који су се затим разишли и по савезничким државама. Лондон је 1915. био пун ових идеолога. Престолонаследник, одговарајући на поздрав архиепископа од Кентерберија, говори и „да је на челу војске да оствари жељу многих векова, идеал уједињене браће". Априла 1916. он јавља својој војсци да су савезници готови да нас помогну у нашој ослободилачкој улози. — Никад неће знати несрећни Хрвати, нити ће икад веровати у свом подлом сумњичењу свега што је српско и витешко, са каквом се чистотом мисли и неприкосновеним некористољубљем, Срби са њиховим Краљем у тим моментима радили. И последњу кап своје крви био је готов да народ и краљ Александар онда дадну за хрватски народ, који је само туђе владаре верно служио (чак и на фронту против Срба) и само туђу тиранију звао аутономијом, и само узимао најгоре моралне примере од оних који су га у Хабсбуршкој монархији сматрали последњим народићем (довољна је успомена године 1790, и 1830, и 1868).

Није тачно да се Пашић одувек устезао према уједињењу Срба са два народа католичка (са Хрватима који су били два века крвопије српске, и Словенцима које није никад видео ни на слици). Ово је тврђење наше ондашње браће било апсолутно нетачно. Срби су сматрали Хрвате за букаче, вечно плачевне, притешњене господарима и странцима безобзирним и суровим, и веровали да их неко треба да ослобађа из те ружне и понижавајуће судбине. У овом су се Срби горко преварили. — О Словенцима су Срби увек говорили с поштовањем због њиховог великог талента за филологију (због Фране Миклошића и Копитара, наших пријатеља). Пашић је још 17. октобра 1918. изјавио у „Morning Post" да Србија сматра за дужност ослободити Хрвате и Словенце (не говорећи, међутим, о „уједињењу"). Стари и велики српски државник је можда, и поред тога, већ извесно предосећао, шта чека Србију са новом браћом.

Није познато ни да је Пашић хтео, као што су Хрвати тврдили, једну православну државу. Он је хтео једну државу уједињених српских земаља, остављајући по страни хрватске жупаније у којима су они одиста били неоспорно у већини (а за овакве је сматрао жупаније вараждинску, бјеловарску, крижевачку и већи део загребачке). Држава уједињених српских земаља, а не само мала Србија ондашња, захтевала је широко и високо територије с погледом на наше етничко питање! А наше српско ратно право давало нам је повода да свој проблем решимо ударањем мача по географској карти...

Пашићево време је највеће од времена Немањића; а он је био човек који никад није хтео да народно злато мења у марјаше. Сама велика анатема над српским народом хтела је да пођемо путем којим се пошло противно овом Пашићевом инстинкту, и да после недужне трагичне смрти нашег благородног Краља дођемо до доцнијих државника, бираних на улици, из редова најнижег друштва, људи најниже културе, сумњиве расе, озлоглашених репутација. Име Драгише Цветковића остаће као најсвирепија иронија у судбини онако великог и даровитог народа какав је српски. — Неколико година колико је још Никола Пашић живео у конфузији речи и мисли и дефетизма Стјепана Радића, биле су довољне да племенити старац затвори своје велике очи са болом да је све ужасе био већ предвидео.

Писац ових редова зна позитивно да овај велики жрец наше националне идеје, није тврдоглаво веровао ни за један устав (ни за белгијски), да неће једног дана бити изложен ревизији. А није ово мислио ни за Устав од 1921. Срби су у новој држави имали свој први устав 1838, и нису никад престали да свој уставни живот усавршавају. Истина, ово је било лако у једној хомогеној народној целини као српска. У случају Југославије, стављен је на пробу централистички устав, како би две српске државе, унесене у ово „братство" бар биле осигуране. Али ни ово што је давао Протићев нацрт федералистичког Устава, ни оно што је обећавао Пашићев централистички Устав, значи два пројекта изишла из главе двојице најбољих државника, нису Хрватима и Словенцима били мање антипатични него што су и лично била ова два велика наша човека. Можда искуство које би наступило обојицу државника нашло једном готове да се први, том искуству доцније подуче. Али већ сам став Хрвата у Уставотворној скупштини, 1921, дао је обојици мање-више поуздану слику да је идеја уједињења и југословенства била преурањена за можда цело једно столеће.

***

Пример и других држава које су у XIX веку извршиле своја уједињења давали су мало охрабрења Николи Пашићу. Кад се Немачка ујединила ратовима 1870, Бизмарк је хтео да са Пруске скине облак који се нанео чак и срећним исходом тих ратова, и реши питање немачког јединства не стављајући Пруску на искушење. Требало је Бизмарков геније, геније већег победиоца у миру него у рату, да остави Пруску, највећу јединицу, нетакнуту у свом престижу, а да остави немачким савезницима у великом царству њихов раније унутрашњи систем неповређен и нетакнут. Ипак су немачки писци уверења да ни поред тога није царство остало без трзавица, и без жеља за потпуном аутономијом (као Баварска). — Међутим, већ после рата Кајзеровог, 1914—1918, јавља се жеља за централизмом, и творци ондашње немачке Републике су сасвим унитаристе. Кад је дошло до размимоилажења између унитариста и федералиста, они су се споразумели да се направи Вајмарски устав, пак да се тек доцније изврши ревизија. Кад је канцелар Лутер направио Друштво за обнову Немачке, састављено од буржоаских партија, оне су се опет задржале на унитаризму. Ово је Друштво мислило на неку државу немачко-пруску (а не да се споје у велику Пруску), и то само као прелазак уједињеном Рајху. Са овим ће пасти социјалдемократи као људи који нису, одиста, више имали ништа ново да кажу, а доћи ће националсоцијалисти. Друштво за обнову Немачке је, међутим, као збор најбољих научника и стручњака немачких, продубило питање будућег немачког система до ситница. Једино је долазак Хитлера на чело политике, државе, војске и немачке идеје, онемогућио да Немачка буде одиста обновљена, и ко зна у каквом савршенијем облику. — У Југославији се није мислило на конституисање оваквог Друштва, ни за споразум за десетогодишњу ревизију. Томе није крив Пашић него Радић, криве су две различне идеје са којима се ушло у нову државу. Хрвати су све урадили да државу разоре, а не да државу усавршe...

Видовдански устав је збачен и погажен 6. јануара 1929. године, на наваљивање Хрвата. Из свега у овој књизи се види да Устав није био главни разлог раздора и да га није требало укинути да би затим све даље пошло у најбољем реду. И после две пуне године збацивања тог Устава, Мачек и Корошец у 1922. потписују заједничку Декларацију, са другим захтевом: да се поништи и све остало заједничко у односима између Срба и

Хрвата и Словенаца у заједничкој држави! Значи да се врати на 1. децембар 1918, другим речима, да се врате на полазну тачку, поништавајући све што се у томе јединству саградило.

Пашић је знао да не може ни постојати федералистички систем него само у државама нарочитог карактера. Белгија и Холандија нису имале природни афинитет, и нису остале заједно; тако исто и Норвешка и Шведска. Међутим, народи као талијански и немачки били су способни да остану после уједињења у заједници, чак и да остану у потпуном централизму, као Француска. За овакву успешну политику заједнице, неопходно је да центар те заједнице буде способан да постане и стожером центрифугалним око којег гравитирају све провинције, евентуалне аутономије. Београд ово није успео постати. Напротив, све пропаганде (и немачка, и мађарска, и бољшевистичка, и пропаганда оба Рима) бориле су се преко Загреба против самог Београда. И он је морао ићи из погрешке у погрешке са непријатељима и спољним и унутрашњим.

Када је 1925. Радић учинио свој устук и дошао у Београд да призна Устав и јединство и монархију, онда је главни човек у његовој странци, инжењер Кошутић био образовао нову странку која је прихватила старе захтеве Радићеве, и чији је програм био, у погледу државног система, потпуно за децентрализацију, са циљем да се постигне конфедерација или савез самосталних држава, под једним заједничким Државним саветом и заједничким Министарством спољних послова. Сви смо у то време имали утисак да је Радић био изгубио од своје популарности, скоро онако како је Никола Пашић био изгубио своју након Ивањданског атентата. Радић се спасао само тим што је ипак на време окренуо против Београда.

Када је услед нагомилавања бечких и пештанских капитала у Загребу цело банкарство дошло у кризу, психоза је онамо била достигла врхунац. Најлакше је било окривити Србе. Са таквим нередом у мислима, Хрвати су направили онај нелогични и неочекивани обрт да преко Павла Радића направе изјаве да се одричу свих дотадашњих метода, и да признају и монархију, династију, и југословенско јединство, значи и Устав за који не траже више ни ревизију. У истој психози су они отпочели после тога опструкцију, повратак на стару линију, неизмерне увреде са комитама у Скупштини (групи Пунише Рачића, за чији је мандат гласао сам Радић кад Срби за његов мандат нису хтели гласати!). У Скупштини где се за време Србије није чула ружна реч, ни увреда, ни недостојна клевета, без достојне сатисфакције, пала је крв после врло ружних речи са врло за ово објашњење неподударним људима. Године 1928. посланик Јосиф Предавец је рекао: „Ми ћемо отићи још једном у Београд да се братски растанемо". На несрећу, ово се није догодило. За ово Хрвати нису имали храбрости, а за ово нису Срби имали памети. Норвешка и Шведска су се растале док је било на време, док није избио какав сукоб, да би затим могли после неуспелог спајања, као пријатељи закључити убудуће бар оно што буде могућно, штогод што личи на добар савез. — Београд и Загреб ово нису учинили на време, и дошло је најзад до неизмерних срамота за српски народ, а затим и до хрватске издаје и покоља, које више нико не може исправити. Хрватска је постала највећим непријатељем српског народа у целој његовој историји. Што рекао Шекспир у својој драми леди Магбетовој: „Сви мириси Арабије не могу више опрати твоје крваве руке".

***

Позната је латинска изрека за Аустрију која се за толико векова одржавала браковима својих принцеза и принчева: *tu felix Austria nube*. Хрвати, макар и немали својих принцеза ни принчева, ни своје краљевске куће, они су украли, као много туђих ствари, и ову изреку и прекројили је на изреку: *tu felix Croatia nube*, онако како су после миленијумске свечаности мађарскога парламента у Пешти и они почели први пут говорити отворено о својој хиљадугодишњици. О овом је хрватском високом пореклу говорио и Мачек у београдском Двору! И на овој јефтиној легенди зидао своју политику, и правио споразум 1939, који би довео до револуције у Босни да није дошло до рата и пропасти. По савету Светозара Прибићевића Мачек је, почетком 1933, пуно уцењивао Београд, а по Закону о заштити државе, био затворен у својој *custodia honesta* која га је прославила. Затворен је у интернацији у Трстенику, и Светозар Прибићевић ће затим отићи у Праг, а одандe у Париз да у парламентарном одбору држи говор против своје државе, и добије од наших савезника Легију части — од оних који ће неколико година затим упропастити Француску... И да у Паризу напише једну срамну књигу (по срамној логици и неписмености), о свом српском народу, чак и о великим средњевековним владаоцима. — Мачек, који је увек заступао већма загребачко банкарство, велетрговину, стране бечке и пештанске кредиторе, него своје село, Мачек, више представник велике буржоазије него свога земљорадника, није одиста могао наћи бољег саветника од овог брата Србина, Светозара Прибићевића. Овоме треба да Мачек припише и то што је, бар по нашем уверењу, лични режим Мачеков у Хрватској био тежи него лични режим Београда.

Борба Пашића и Радића била је бар начелна: један је био Србин са његовом војничком психом борца, а други Хрват са његовом психом распопа и хрватског великог бележника. Један је можда веровао у немогућно, а други није веровао ни у што. Радић се Пашића бојао без разлога, а Радић је потцењивао Пашића без ограничења. За Пашића ништа на свету није изгледало махнитије него Радићево беседништво и лакрдијаштво, млаћење празне сламе по селима и по варошима и губљење скупог времена; а Радић је сматрао Пашића ћуталицом зато што не зна да беседи, за старовременског државника који не зна више ни да мисли, и који би био бољи велики везир у Стамболу него шеф владе у Београду.

Није, дакле било ни помисли о аутономијама, него су ти аутономисти из јуначке борбе прешли у закерање, инат, иронију без икаквог укуса, и уцене без храбрости. Било је лакше и боље, да се једне ноћи састао какав скрпљен Сабор у Загребу, и изгласао Радићев споменути Устав, и тако коначно одвојили своју судбину од наше, када то у Београду није Краљ смео учинити од народа, ни народ од Краља.

Радић својом десетогодишњом политиком, а Прибићевић продужењем коалиције и тог програма, и најзад Мачек идући том већ утртом стазом, успели су да доживе да Југославија буде компромитована и Београд уништен. И то не само међу непријатељима него и међу пријатељима. Да се представимо као држава која је свачија и ничија, где је 2/3 народа остављено ван уставних права, због 1/3 која је дошла да саботира и разорава; држава без народности, без војске, без патриотизма. Како су Радић и његови наследници говорили о држави, да је неко говорио тако негде о вери, нико више не би на том месту марио ни за веру, ни за цркву, ни за Бога. За време већ и самог Радића, све су капије наше земље стајале отворене пред ма ким ко би се појавио с војском на границама. Ово је био резултат разузданих и безглавих политичара, нарочито после смрти Краљеве.

Пашић је утолико више веровао да је централистички систем користан и за Хрвате и Словенце и за Далматинце, што су њихове земље биле најпасивније од југословенских земаља. Чак пасивније и од Црне Горе, богате шумама. Хрватска је углавном земља индустријска, а српске земље су земљорадничке за 80%, а добрим делом и рударске; и због овог две су ове сфере потпуно допуњавале једна другу, пошто Хрватска своје индустријске артикле нигде није могла пласирати боље. — Са баријерама, увек високим као планине, у федералистичкој држави, ова концентрисана сарадња изгледала је од користи мање за Хрвате него и за Србе. Тако је изгледало у доба Пашића. А за Словенце, због њиховог извоза у радништву и чиновништву, још више. Никад у српском централизму није било себичних намера, као што му се подваљивало! Најмање да је тај централизам био великосрпски. Срби су толико уверени да нико није раван њиховом народном моралу православном, ни њиховом витештву изграђеном на народним еписима, да су веровали, можда и мало романтично, да није лако направити Србина вештачки ни од Хрвата, ни од Словенца, ни од Бугарина. Никад није ниједно српско културно друштво имало у свом програму прозелитизам и пропаганду другде него међу Србима. Баш је најмање сматрано могућним направити Србина од Хрвата, који су своју главу правили у католичкој цркви, за нас непријатељској, и у бечко-пештанској култури, за нас неприступачној, чак отужној.

Хрвати су већ спочетка били неискрено за федерализам и отворено против централизма, по чему се видело да они нису били резервисали могућност ни за ма који други начин везе са Србима. Ни за случај конфедерације, савеза између евентуалних њихових посебних држава у будућности! Ми смо уверени да су Хрвати хтели своју независност државну највише зато да своју овакву малу незнатну независност повере неком другом, али не Србима, ни у друштву Срба. Хрвати су били уверени да су јачи од Словенаца, јер су апсорбовали толике велике словеначке људе као што је био и Станко Враз, и др Фрањо Рачки, и

Владимир Видрић, и сам др Владимир Мачек. Са Мађарима би се данас носили лакше него раније кад ниједна странка није у Хрватској имала народ за собом. Са Талијанима и Немцима би били савезници са улогом посредника, а нарочито да се са Талијанима погоде на рачун Срба, а Немцима послуже као *pied à terre* за њихову политику према Истоку, против Русије, Балкана, стварања савеза за рачун иког другог на Дунаву или преко Дунава.

Не треба узети за доказ да су Хрвати федералисти, децентралисти, и аутономисти, што су, 1939, направили са Регентством ону аутономију Хрватску без питања и једног и другог народа. Ни хрватског народа који је добио независност, бар у Београду, кад није ни у Бечу ни Пешти. Ни српског, на чији је рачун овај срамни пазар направљен на рачун наше српске Босне и Херцеговине. Аутономију и независност, „државу у држави", како је Мачек ту државну јединицу назвао у свом говору већ 28. августа 1939, направио је Мачек са два Цинцарина београдска, Цветковићем и Цинцар-Марковићем (као што је с њима заједно потписао и свој уговор Хитлер у Бечу, 25. марта 1941). Теоретичари ове државне јединице (за коју су и сами рекли да сличан модел не постоји у међународном праву), били су опет Цинцари: професор и министар Константиновић, а овај Споразум је затим правно објаснио и оправдао у полузваничном листу други Цинцарин, др Ђ. Тасић.

Споразум Цветковић-Мачек је држава у држави, као што је опште уверење, али у главном ствар интриге, акт без логике и без достојанства, уцена кад су Хрвати већ знали да је Мала Антанта пропала пропашћу Чехословачке, а Балкански савез уздрман жалосном слабошћу Регентства и претњама Немачке. Стварање Хрватске није доказ како је Хрватска одувек радила на федерализму, пошто то није аранжман за такав систем у целој држави, него само у Хрватској, у границама које је она повукла под уценом и у најкритичније доба. Хрватска 1939, била је независна држава Мачекова, као и држава 1941, што је била независна држава Поглавникова и Степинчева. Обе постигнуте туђим поклонима!

Ово је оно што је добро предосећао већ 1921. велики српски државник држећи међу два прста сребрну влас своје браде патријарха. Он је носио гвоздену рукавицу у борби с Хрватима који су били онако бадаваџије и одметници у нашим најсвирепијим данима историје. Хрвати су закључили савез са Цинцарима које су највише нападали, који су им међутим помагали чинећи да се Срби у Србији никад не заинтересују за Босну и Херцеговину, да унесу своју несрпску и непатриотску иронију и за оне преко Дрине, као и за „пречане" и „лале" с ону страну Саве и Дунава. У Београду, то је било једино друштво с којим су они долазили у додир, знајући да су се увек најгори режими у Србији ослањали на њихове услуге и помоћ, оствариви увек што су хтели. Не само да су они послужили за потпис у Бечу 25. марта 1941, него и за извршење капитулације, када је генерал Михајло Боди положио свој цинцарски потпис на хартију коју му је немачки заповедник био поднео.

Од дана откад је Радић са својим Хрватима, за нашу велику несрећу, ушао у живот српског народа, за целу једну четвртину века Српство је застало, парализовано, у свом историјском и културном развитку. Да није било ове ужасне заблуде, где бисмо данас били? Треба се сетити оног кратког времена неизмерне среће и љубави међу грађанима између турског и бугарског рата и аустријског, од около једва годину дана. Зато да није било празног губљења времена у унижавајућој борби с Хрватима, где би били данас после четврт века наш напредак села, наша наука у Академији, престиж универзитета, реорганизација наше црквене администрације, модернизирање школе, формирање новог српског друштва!... Без Хрвата никад не би у Србији дошли диктатори, неуставност, корупција, расуло београдске омладине, криза у породици. Радић је са својим Хрватима, метнуо ледени прст на вену куцавицу да заустави крвоток српског народа. — Да није Радић ушао у наш живот, и данас би живео честити краљ Александар, неоспорно добар војник. Живео би министар Милорад Драшковић, за кога се веровало да ће својим престижом бити други Пашић у нашој политици (убијен у Делницама у Хрватској, још 1922, што нико није продубио у пуном, правом, значењу). Не бисмо дошли ни до 1941, кад су поред осталих несрећа, Срби подељени на два табора: званичне Југословене, који своје одметништво од Српства заклањају за овај комотан изговор, и добре Србе који су остали разбијени и остављени да на четничком фронту дадну последњу кап српске крви.

ДР ВЛАТКО МАЧЕК И ЈУГОСЛАВИЈА

Историјска фигура др Мачека добила је тек 1941. год. своје прецизне и коначне линије. Дотле је он живео помало и у легенди. Његови загребачки сарадници представљали су га онако како и треба представљати једног политичког шефа: више скромног него великог, пошто масе обично већма и воле скромног него славног. Говорили су стога да је Мачек божји човек, полусветац из Купинаца, по духу Толстојевац, пријатељ ништих и обожавалац села, дакле мирољубац и човекољубац. Међутим, ко од нас није пуно веровао у хрватску идилу, тај је, напротив, сматрао Мачека човеком од акције, који се није имао времена уносити пуно у идеје хуманитарца, ни несметано практиковати живот полусвеца. Свако је знао да је Мачек своју мисију политичког вође узимао врло озбиљно, савесно, чак и фанатично.

Истина, као случајни човек, Мачек је одиста најмање и сам допринео својој крупној политичкој судбини. Постао је шефом једног чудног народа, као личност дотле непозната, ни по свом раду у том народу, ни по својим говорима на зборовима, ни по ма чему што је било написано. Скоро је изгледало као да замењује свог претходника само зато што га никад неће засенити својим сопственим сјајем. — Али је Мачек био ускоро окружен двоструком врстом људи: половином њих који су били ексцентрични, и другом половином који су били револуционарни. То јест, половином њих који нису знали шта хоће, и другом половином таквих који су тражили немогућно. Ти су га људи и понели као планински поток, незнано куда. Зато се није јасно видело, нарочито спочетка, шта је у акцији Мачековој било одиста његово, а шта његове такве околине.

Међутим, ако Мачек, долазећи на шефство странке, није наметнуо тој странци нови програм ни нови принцип, он јој је наметнуо бар нови начин. Тај начин није долазио из неког његовог уверења, колико од саме његове природе. Треба имати на уму да је Мачек, што је врло важно за његову дефиницију, чистокрвни Словенац, рођен у Загребу. Отац му је био словеначки железнички чиновник, „прегледник", у срезу Козје, у селу Лисичје, код варошице Пилштајн. Због тога је Мачек остао чисто словеначки човек: повучен, без истицања, прав, позитиван. Али и несугестиван, и без спонтаности. Његови су мали говори чисто пословни, значи неодуховљени и неидеолошки. Мачек није створен да буде херој своје мисије, колико мученик своје мисије. Али и више адвокат него мученик; а више и опортунист, као Словенац, него фанатик, као Хрват. — Његова скромност је била само једна општа црта словенске патријархалне љубави за простоту, а не личног уверења да су сви људи пред Богом једнаки, и да су загорски сељаци чистији него загребачка господа. У Загребу, где свако пуно говори, Мачек је радо ћутао; и где се свако истиче, он је волео да живи у сенци; и где је свако понешто писао, и свако био журналист, он је писао само своје адвокатске концепте. Звали су га увек Влатко више него Мачек.

Разлика између његовог претходника и њега, била је скоро битна. Зна се да је Радић био велики полемичар, а не велики политичар; и снажан демагог, а не државник. Ово Хрвати нису никад подвајали. Човек од страсти више него од мирног разабирања, Радић је морао да се Србима обраћа највећим увредама, да би тиме задобио загребачку интелигенцију. Тако је он први у оној држави отворено и претио Краљу у Београду, како ће га једног дана испратити на границу; говорио како је Краљица друга Помпадура; и најзад да су сви Срби пљачкаши, и да је држава поприште свих моралних порока. Наравно, овим речима Монархија и Краљ су били коначно минирани у хрватском народу... Тај пут је већ од тога момента водио право у Марсељ. — Али да би задобио своју сељачку масу, он је ударио демагошки и на господу загребачку; а да би раширио терор, и изазвао још већу забуну, није поштедео ни хрватско свештенство.

Међутим, др Мачек, по родитељима чист Словенац, имао је, сасвим обратно више здравог смисла него темперамента. Он је брзо отклонио много таквих начина из политике своје странке. Мачек је био у неку врсту и дркчији човек. Радић је некад, враћајући се из Москве, где је говорио са Лењином, имао стварно план да своју Сељачку странку направи матицом једног великог аграрног пројекта на словенском југу, којем би он затим постао Лењином југословенским. У ово време пада и погибија министра Милорада Драшковића, творца антикомунистичке *Обзнане*, у Делницама у Хрватској. На свој начин, Радић је правио и сугестије Стамболијском у Софији, нудећи Бугарима српску Македонију. Кад му ово није успело, Радић је са тога социјалног поља прешао на чисто национално поље, заоштравајући до крајње мере стари антагонизам Хрвата против Срба. — Међутим, Мачек није ишао овим путем двоструког и овако противуречног осећања: он се исти час поставио искључиво као шеф једног великог националног покрета, који неће до краја знати ни за какве скретнице, нити предвиђати икакве компромисе са својим непријатељима; а непријатељ, то је била, по Мачековом мишљењу, сама држава.

Уосталом, Мачек је већ 1928. год. наследио странку потпуно претворену у један убојни фронт против државе. До пре неколико година хрватска маса политички необразована, и на степену мужика, сада је била снажно окупљена око те заставе мржње. А како су странке противдржавне увек и најјаче, и морално хомогене, његова се странка поставила као главна у земљи, бар по својој осионости и нетрпељивости према противнику. — Макар што није имала спочетка ни речите ни писмене представнике, убрзо су направљени од разних загребачких адвоката и новинара, без икаквог политичког искуства, мањи и већи партијски вођи, сви подједнако насртљиви и јетки. Брзо су поникли и ауторитети, и стручњаци, и репутације. А чак, као што се обично чини при таквим појавама, поникла је и политичка мартирологија од народних страдалника за време београдских режима, која је у масама замењивала и програме и принципе. Све је било у парадоксу, и све терано у крајност. Овај фронт на западу наше државе, постојао је најзад претњом, и окретао ка отвореној револуцији. — Радић је мрзео интелектуалце, а Мачек их је напротив прибирао. Али масе, које су они најпре фанатизовали, толико су временом постале саме господари ситуације, да су оне тероризирале и своје вође.

У Београду нису прекомерно ценили политичке одлике ове велике хрватске странке. Већ од 1918. год, ниједан хрватски шеф није дао ни свој програм финансијски, ни економски, ни просветни, ни политички, ни војни; а министри у кабинетима су скоро редовно показивали инфериорност према српским друговима. Хрватска сељачка странка је била носилац једне страсти, али не и једне израђене државне идеје, зато је до краја и остала више у полемици него у политици, а што је она сматрала једном истом ствари.

Сав свој успех за организовање овог фронта, Хрвати су могли захвалити томе што у Београду властодршци нису разазнавали ни загребачке људе, ни односе међу њима, ни прави домашај појединих онамошњих појава. У погледу психичком, Загреб је био и остао за Београд далек као Камчатка. — Вођи српског народа у Хрватској су представљали у Београду хрватске прилике некад као безопасне и пролазне, а некад као фаталне по државу. Они нису били православни Хрвати, али су извесно били Загрепчани већма него Београђани. Њихова обавештења нису била сигурна, пошто су у две периоде и сами имали два разна гледишта и два разна правца. Они су некад за време Аустрије остварили били тзв. Српско-хрватску коалицију, чијој се магији никад доцније нису могли отети, и због чега су веровали, и то искрено, да је само Београд крив непријатељству Загреба.

Додајте овоме да је и Београд имао своје сопствене информаторе о стварима из Загреба, као Миту Димитријевића, Цинцарина, и писца лоших позоришних комада, који је био главна веза између прве Диктатуре и Радића... Ово је било више него чудно. Додајте и да су доцнији информатори били све гори, уколико је Диктатура постојала и сама све лошиом. Отуд се догодило и то што је понекад, приликом каквог раздора међу вођама загребачким, једина Диктатура својим погрешкама учинила да се ствари опет онамо брзо поправе! Судила је, и чак затворила Мачека, чиме је и његов углед подигла до читаве славе. Уосталом, у овом случају, и врло заслужено.

II

Странка др Мачека остала је била већ од првог момента потпуно сама наспрам Диктатуре. Корошец и Спахо су радили са Диктатурама, не волећи Србе, али не трпећи ни Хрвате. Постајући шефом странке, и Мачек је једног дана био позван у Београд да Краљу каже шта жели његова странка. Краљ је на том личном састанку том приликом узео оловку, да тачно забележи Мачекове захтеве. Хрватски шеф је најпре храбро рекао Краљу да постоје три Државна права у Југославији, и то најпре Хрватско државно право (или право на државу). Затим је рекао да постоји и Српско државно право, што је Краљ такође забележио на хартији. Кад је запитао Мачека које је то треће државно право, Мачек је одговорио: Црногорско! На ово се краљ насмешио, рекавши да је ово треће Државно право црногорско одиста био заборавио, из простог разлога што је то питање био решио Немања још 1169. године... Затим је Краљ најзад запитао шта да се ради с Босном, пошто од неко време Хрвати и о њој говоре. На ово је др Мачек одговорио одлучно да Босну треба поделити на двоје. Краљ Александар је после овог оставио на сто своју оловку, и није више ни записивао ни питао... Познато је да је већ првих година свога шефства на челу странке, др Мачек превазишао у својој борбености све што је раније из Загреба урађено.

Београд, којег су Хрвати називали „чаршијом", не знам зашто, састојао се у то време из два дела: српске Опозиције на једној страни, унутрашње потпуно дезоријентисане, без икакве начелне хомогености, и Диктатуре, на челу које су у име Краља стајали неколико самих лидера појединих странака. — Српска Опозиција, једним великим делом сачуваног престижа и неоштећеног моралног угледа, била је плашљива, нереволуционарна, слабо писмена, а доста и кафанска. Између београдске владе која није знала шта да ради, и српске Опозиције која није смела ништа битно да уради, Мачек је лако нашао свој пут. Српска Опозиција за последњих 15 година, била је слабија него икад раније у нашој историји. Она није ништа учинила за земљу, ни за Краља, ни за Хрвате, ни за тзв. југословенску идеју. Бојећи се да нешто не поквари, најзад се бојала и да нешто покуша. Не смејући дејствовати у земљи, није се пренела ни у иностранство (као некад раније), и остала је тако скрштених белих и поштених руку, идући по парастосима добрих људи, по војним ревијама, по уметничким изложбама, тек да се јаве на светлост дана. Ниједне књиге из њених редова, ниједног протестног митинга, ниједног изгреда ни побуне. Времена српске опозиције из доба радикалске борбе против самовоље Миланове, беху одиста већ прича далеке прошлости. И не хтејући, она је Мачеку давала уверење да је њему препуштена цела битка са Диктатуром.

Др Мачек остављен овако сам на арени, сматран је у једном делу из самог иностранства као једини борац против диктатуре и за демократију, чиме је био за неко време онамо цењен, нарочито у Енглеској. Загреб мало што није у њиховим очима постао мала Вандеја. Да није било атентата у Марсељу, који је открио европској демократији праве савезнике Загреба, он би с тим угледом продужио и пуно даље. — Диктатура београдска, не ограничавајући се да себе сматра само кратким покушајем и брзим експериментом, показала је, напротив, тенденцију да се устали, као режим једини могућ. Диктаторске су власти и отворено прогониле шефове старе српске опозиције, подништавајући их, тероризирајући их, представљајући их расходованим, тако да су се странке растапале, претварале у прашину, и не обнављајући се новим снагама, пошто нико више у њих није веровао. Што је најчудније, влада је сматрала да ће овим тероризирањем старих српских странака, не само уклонити Хрватима њихове најопасније противнике, него и доказати владину непристрасност: бар једнаким начином грубости и тираније према Србима као и према Хрватима!... Др Мачеку је ово добро долазило, нарочито због апсолутне инерције српских политичара међу Србима ван Србије, а изнад свега међу босанским муслиманима и међу мањинама.

Српска Опозиција није пуно шкодила у иностранству београдској влади. Диктатура је и без њеног настојања имала у иностранству лош углед већ зато што је то био чист аутократски режим, кад су и по данашњим тоталитарним државама били скоро режими чисте олигархије. Код нас није парламент ништа значио него спрдњу; међутим, онамо, постојали су бар режими корпоративни, као у Италији, где се донекле ипак одржавао известни систем сарадње између управне и легислативне власти. Наше Диктатуре имале су зато цело иностранство против себе, и то све до њиховог послетка. Пре свега, странци су држали наше главне властодршце људима малог калибра, и зато склоне тиранији и корупционаштву; а нарочито маловарошанима слабе културе, и полицијским духовима у погледу на државу. Ово су нам отворено показали од почетка и Французи и Енглези. — Није то било ни потпуно тачно, кад се помисли на Маринковића, Кумануција, Корошца, Узуновића, Спаху, Мажуранића, и друге, који су одиста хтели да спасу државу, и били државници од значаја. Несрећа је била у том што је сам наш проблем био постављен не као државни, него као национални, проблем два народа, који су, скоро природно, један другог искључивали; два физичка тела без кохезије, два духовна организма без афинитета. Мачек је то у свим приликама храбро истакао, са једном прецизношћу која није остављала ни најмање сумње, бар онима који су знали да истини гледају у очи.

III

Србијанци су у својој прошлости знали политичке борбе свих варијација и свих могућих исхода и решења, и стога помишљали да једна политичка борба не мора свршавати, као на бојном пољу, полагањем оружја за нечије трофеје, ни погибијом противничких војски, него компромисима и концесијама. Зато је званични Београд сматрао Хрвате браћом и кад су их његове здраве рђаве владе злостављале; а државу су сматрали заједничким великим добром и онда кад су једни њом владали лоше, а други избегавали да сами приме одговорност, и владају боље. — Увек се очекивало неко чудо, као што се често догађа кад људи најзад обневиде, изгубивши могућности за даљу своју логику за своју свакидашњу мудрост.

Србијански политичари су најзад добар број година веровали и да је држање Загреба, у основи, ствар шовинизма, наслеђе старчевићанских наступа и манија, журнализам верских фанатика, а стога борба недовољно озбиљна, зато и пролазна. За Србијанце, једна политичка странка води борбу зато да би дошла на власт, као што се то ради и у другим демократским земљама, Енглеској, Француској, Америци; и стога је свака политичка странка битно, и пре свега, будућа владајућа странка. Али Хрвати такве странке нису имали од 1102. год, од њихове државне пропасти, и нису стога ни сад ишли да од своје Радићеве странке праве друго него антидржавни инструмент. Добро су рекли: то није била странка, него народни покрет. Ова странка или покрет су били једна стварна народна револуција за пуних 20 година. То је једна од најдужих револуција које су игде постојале.

Др Влатко Мачек је стога, већ на почетку своје каријере шефа странке, у нешто био дубоко уверен: а то је да хрватски народ није ниједног тренутка хтео Југославију, и да је увек, и у разним формама, изражавао своју мржњу према православној и српској престоници Београду. Против Југославије београдске, Хрват се борио и оружјем на Дрини уз Аустрију, као и стварајући тзв. Преврат у Загребу 1918. године, прокламовавши своју сопствену загребачку Југославију. За ову је тражено чак и признање ондашњих њихових ратних противника, савезника ратујуће Србије. — Кад је за време турско-српског рата 1876—1878. српска војска побеђена на Ђунису, из Загреба су послали на дар златну сабљу турском паши, победиоцу Срба; а кад су 1885. год. Срби изгубили битку и на Сливници с Бугарима, из Загреба су поступили са таквим истим непријатељством према Србима. Ма колико да Срби нису никад слично осећање манифестовали према Хрватима, хрватска верска мржња, једина будна и непомирљива заувек, била је јача од заједнице језика, заједнице можда, одиста, једине, између ова два и словенска народа и најближа суседа. Мачек је стога био уверен и да Хрвати неће ни доцније тражити приближење са Србима, и да ће све учинити да тадашњу Југославију онемогуће, а кад за то буде дошао њен најтежи тренутак, да је упропасте. Мачек се у овом одиста није ни преварио, као што се видело 1941. године.

Др Мачек је то своје негативно осећање према држави показао већ и пре свог доласка за шефа Радићеве странке. Наиме, кад је 1927. год. добио Радић на изборима неочекиван број мандата, он је одмах узвикнуо да су Хрвати и Срби „два света", а Мачек је том приликом затражио и да се постави како су Хрвати и

Срби два разна народа. Он је ово тражио са прецизним планом: да свако разуме како Југославија није грађена на националној заједници, и да се према томе не може на тој идеји ни одржати. Значи, Мачек је стварно био први који је истакао теорију о „два разна индивидуалитета", која је даље била у основи целе његове политике. — Мачек је и у једном свом доцнијем говору, већ као шеф, тврдио и да Срби и Хрвати не могу бити један исти народ пошто нису једне исте вере ни једне исте културе, што је, по његовом мишљењу, битна ствар. Истина, др Влатко Мачек је и помало неук, и зато није ни ишао да ту своју тврдњу и научно доказује, што би уосталом, окренуло против њега. Наиме, Немачка се састоји од две разне вере, али овим ниједан Немац не помисли да Пруси и Баварци нису зато подједнако добри синови свог немачког народа. И у Италији су Тоскана и Калабрија две разне културе, пошто су Тосканци направили ренесансу, кад су Калабрези били још скоро неписмени, али зато су ипак данас подједнако Италијани. У Енглеској има 48 разних верских секта, па ипак Енглези свију тих секта сматрају себе подједнако енглеским народом. Најзад, у Француској говори народ пет разних дијалеката, неразумљивих један другом, али ипак се сви сматрају онамо Французима а не неким друкчим народима... Мачек је могао навести боље случај скандинавских народа, који себе сматрају истим племеном, чак и говоре скоро истим језиком, али су пуно ратовали међу собом за посебне државе, макар и не као различни народи.

Међутим, др Мачеку није било пуно стало да имадне право у једној научној ствари. Питање да ли су Срби и Хрвати исти народ, нису до сад никад поставиле ни једна од наше две академије наука. Покренули су то питање тек пре мало година у Загребу, под утицајем политике Мачекове, да се покаже да смо два разна народа, макар и што говоримо једним истим језиком. На жалост загребачке науке, у тој великој групи потписа хрватских академичара налазио се и др Фердо Шишић, најбољи историчар њихов, и човек који је раније био сасвим другог мишљења. — Држава, то је пре свега, један духовни појам и једна душевна творевина; зато ако држава није национална, она представља само једно велико предузеће, али не и једну државу.

IV

А као што је др Мачек тражио већ 1927, да се постави и питање „о два разна индивидуалитета", а затим изнео и своју тезу да два народа разне вере и разне културе не могу бити један исти народ, он је мало година затим поновно с тим истим питањем изишао, још и категоричније. То је било кад је Мачек у својим Пунктацијама, новембра 1932. из тамнице, тражио да Хрватско народно заступство захтева повратак Хрвата у држави Југославији, на стање од 1. децембра 1918. године. Ово је значило да се цео проблем врати на оно место одакле би најлакше и најотвореније истакао идеју да држава Југославија није поникла из једне заједничке националне идеје, пошто то јединство не постоји, и да, према томе, Југославија постоји на заблуди. А то значи на насиљу, после којег Хрватима припада право самоопредељења на основи плебисцита. — Прокламовање народног јединства и такве народне државе, извршено у Београду на Теразијама 1. децембра 1918, није, дакле, било дело народне воље Хрвата, него дело самовоље неколико људи без везе са хрватским народом, чије они нису били ни партијске, ни уопште икакве вође.

Узгред речено, Мачек је овако први разбратио два народа, Србе и Хрвате; и то као Словенац, којем је то стога можда и лакше ишло. Без сумње, да су живели велики научници словеначки, Копитар и Миклошић, можда се не би и сами отимали о оваквој тези др Мачека. Међутим, ако иста теза није излазила из позитивне науке, она је несумњиво излазила из једне јасне идеје Мачекове о том шта хрватски народ жели, и шта је и др Мачек увек отворено желео; и онда кад се то његово гледиште на Југославију на једној страни није разумевало, на другој страни зло разумевало, а на трећој страни и злонамерно прикривало.

Али да су и београдске Диктатуре и цео српски народ стално желели државну заједницу са Хрватима, то се најбоље показало за време наших последњих скупштинских избора. Српска уједињена опозиција позвала је том приликом Мачека да буде носилац листе целе удружене опозиције, с једног краја на други крај државе, без разлике имена и вера. Мачек је ову понуду примио, и изашао са избора победилац какав извесно без тога не би изишао: сав позлаћен као тријумфатор на Лепанту!... Али је то лоше вратио својим пријатељима већ сутрадан, окренувши свима леђа. Мачек је остао са свим мандатима у Загребу, а не дошавши у Скупштину, где није никад ни мислио отићи. Према српској опозицији се односио после тога као према нечем што стварно ништа не значи. После је неке од њих примао у Купинцу код себе (као Куршид-паша некад на Дрини кнез-Милоша: примајући пред ноге његов „цео силав оружја"...). Ово је било у срамно доба када се закључивао Споразум Цветковић-Мачек од 26. августа 1939. године.

Зар има неког ко не признаје да је др Мачек овај пут, након победе на изборима, био најискренији према Београду и Србима: доказујући да његов народ није ишао на изборе да би затим дошао у Београд да влада Југославијом, него једино зато да би показао целом свету, у земљи и у иностранству, да он неће, овако победнички уједињен, ништа више са Београдом, Србима, Монархијом, православцима! Него да жели „лом са том државом". Његови другови, народни хрватски посланици, нису се устезали да од себе одбаце и богате дијурне, које један парламент даје за оне што у њему заседају. Ово је чак било нешто што је изненадило остали свет, као знак најбоље страначке дисциплине и неоспорног патриотизма.

Поред свих оваквих драстичних примера од стране Мачека и његовог личног покушавања да се најзад разуме права жеља шта Загреб хоће, нашло се света којем је ишло у рачун да ово увек изврће, прикрива и изобличује, представљајући др Мачека, напротив, пријатељем народног јединства и заједничке државе Југославије. Пошто се на овим лажима и данас зида у неким круговима, ми верујемо да је тренутак да се све ово каже јасно на адресу онима којих се ово нарочито тиче. Само др Мачек је у својој борби био увек поштен човек, зато што је увек био наш искрен непријатељ.

V

Др Мачек, као и Радић, добри демагози, знали су да је често народу више стало до једне добре лозинке него и до најбољих беседа. Тако је први оперисао лозинком „Аве Марија — живела република", други лозинком „Хрватска пушка на хрватском рамену, а хрватски динар у хрватском џепу". То је хрватском сељаку представљало јасан програм шта се хоће. Србијански политичари никад нису знали за снагу таквих дефиниција. — „Аве Марија", значило је груписање око католичанства; „Живела република", значило је кидање са лојалношћу према српској Монархији. Затим „Хрватска пушка о хрватском рамену", значила је опомена војсци да она знадне како припада свом хрватству а не свом Монарху. А, најзад, оно „Хрватски динар у хрватском џепу", није значило само да тај динар други држе у џепу своме, него да сељак буде спреман и отказати „плаћање порезе држави, кад то буде требало".

Ово није схватио Београд који многе ствари окреће на „комендију" кад му изгледају наивне, а српски вођи из Хрватске то им нису објашњавали, кривећи за сву несрећу само Београд.

Докле је ово последње било дошло, доказује факат да је један од тих шефова отворено тврдио како су они хтели, и сами, чак настојали, закључење таквог Споразума Цветковић-Мачек од 26. августа 1939, зато што оставља више Срба под Хрватском! Значи без обзира што оставља тако више Срба изван своје матице, и, после ослобођења, опет у нечије ропство. Немојте ни помишљати да су ови патриоти хтели затим тражити своју српску аутономију у Хрватској, имајући на то сва права кад је посреди милион и по Срба у Шубашићевој „држави у држави". За њих је био довољан тријумф имати свог подбана, Ивковића, зета словеначког. — Додајмо овде да оперисање са лозинкама, о којима смо горе говорили, долази из даљег. Старчевић је избацио некад своје лозинке „За Србе секиру" и „Србе о врбе", а познато је колико су оне јада и срамоте направиле онамошњим Србима.

Свакако, хрватски вођи, а Мачек нарочито, нису никад држали Београд у илузијама како они желе братимљење са Србима. Ни да желе Југославију основану на тобожњем народном јединству. Да је неко честитао Мачеку нову годину као добром Југословену, он би се сматрао увређеним. Од атентата у Делницама, до Марсеља, вал мржње је ишао као поплава. Мачек није странцима нападао диктатуре, колико српски народ, византијски и балкански, који злоставља префињени народ хрватски и западњачки. Преко католичког света, тим речима је рушен углед славне Србије, и све њене ратом постигнуте моралне тековине. Према формули Коминтерне: ако хоћеш уништење неке државе, убиј и управљај све ауторитете... тако је дошла и загребачка повик: „Опљачкаше нас Срби! Држите лопова!" Дошло је и да хрватски хотели у приморју нису издавали собе српским породицама, ни чашу пива Србину за столом у кафани, док су Хрвати у Београду живели као на свом пољском имању. Онамо их се било доселило 30.000. По Кошутњаку су делили српској деци иконице светог Антуна, крстиће светог Фрање, и бројанице свете Кларе... Жупници су походили Србе болеснике и кад их ови нису очекивали...

Наши бедни режими, да би се одржавали, угушивали су сваки глас о свему овом у српској штампи. Зар би Срби оног

Драже Михаиловића, подносили ове усташке погрде да их нису помагали наши режимски неваљалци. Али зар би вал мржње против Срба узео био овако обесне форме, да није то било у политици оних који су били на челу хрватских маса! Што горе, то боље, мислили су они. Одиста, да је пола народа у Великој Британији радило, а пола саботирало, и она би пропала. А овакав начин борбе отровом, клеветом и лажју, довео је и до издајства на фронту и до клања од Лике до Требиња.

Мачек је говорио Београду кабалистички и сибилски: „Слободна Хрватска у оквиру Југославије!... Слободна Хрватска са народном династијом Карађорђевића!..." Али наши режими нису знали те хијероглифе загребачке. Јер слободна Хрватска, то је лом са националним јединством, главном сметњом у принципу. А народна династија, у устима народа који је без протеста примио атентат у Марсељу, зна се шта је значило. Први слободни Сабор слободне Хрватске казао би своју реч, само кад би до њега дошло.

Какве се нове комбинације праве и данас у емиграцији, с народом који издаје на фронту свог Краља, прелази у војску једног гангстера, коље по својој држави своје суграђане, обара њихове цркве и олтаре, и силом преверава из светог православља децу и жене нашег великог и славног племена? Ко после овог сме тврдити да Мачек жели Југославију и јединство национално, кад смо и ми у овом нашем напису показали колико он то није никад ни хтео нити то тврдио.

Да пођемо даље.

VI

Можда је већ 6. јануара 1929. требало „почети из почетка". Онда се говорило како „један прслук лоше закопчан мора се поново сав откопчати, да би га затим закопчали како треба"... Већ се у српским круговима чула реч „ампутација" јер донде здрав српски организам је реагирао, да већ нешто доцније постане једна инертна и неосетљива маса. — Али је прва Диктатура била стварно једна мера нереволуционарна, чак добронамерна, колико и опасна по саму државу. А пре свега можда чудна: више плашљива него убојита; више нерешљива него прецизна; више за смирење Хрвата него за прогон Хрвата, као што се то мислило спочетка међу Србима, а као што се то нарочито тврдило међу Хрватима. Та Диктатура је била стварно мост Хрватима да се приближе централној власти, обилазећи српске политичке странке као да су оне биле нешто криве хаосу у Скупштини и незадовољству Хрвата, значи једна *invitation a la valse*. Али у основи више устук него отворена битка; бојажљив покушај место одлучан план. — Укидање Видовданског устава није погодило Хрвате него Србе, и оно је учињено да се тиме задовољи Загреб који је једино и нападао тај Устав, иако више из тактичких намера него стварног разлога; јер Срби ни од 1858. год. нису тражили бољи устав него онај. Нису зато велике српске масе заслужиле да се њима укидају уставне слободе зато што се у врховима нису нашли бољи начини за приближавање.

Ако је требало нешто оборити, то није био Видовдански устав него Изборни закон, који је одиста имао своје лоше стране. Али и то пре са гледишта српског и југословенског него хрватског, јер друкчи изборни поступак могао је баш у Хрватској увек дати на изборима повољније резултате југословенској струји владиној него Мачековој странци. Несрећа је што се југословенска политика водила са врхова из Београда, место са онамошњим људима, који су, једним делом и у једно време, одиста желели сарађивати са званичним круговима. Тако је владина јака рука окренула сву силу само против Срба да би оправдала пред светом своју невештину у начинима. Тако је и слобода штампе била укинута само међу Србима, док се у Загребу писало како се хтело. Терор једног хрватског шефа полиције Бедековића узимао се у Загребу као општа завера Срба против Хрвата.

Ми верујемо да је др Мачек са првом Диктатуром морао природно страховати од коначних мера за које у Београду нису имали намере. Иначе било је остајало ово троје: смело узети Хрватску као једну област државе која се ставила изван нормалних односа са централном влашћу, саботирајући јавни поредак, и онда одиста применити јаку руку, стављајући ту област под нарочити режим нешто слично режиму некадашње аустријске окупације Босне до времена анексије. Или, друго, праведније и паметније и већма у осећању српског народа, одобрити Хрватима познату Троједну краљевину, то јест Хрватску и Славонију са укључењем Далмације, какву су административну јединицу Хрвати и тражили већ 25. марта 1848. на свом Сабору од Монархије, која им то међутим није хтела дати ни до самог свог распада. Или, треће, данас најразумљивије: одвајање, ампутацију, ратно право Србије из последица својих троструких победа 1914—1918.

Хрвати нису никад свој национални оквир замишљали ширим него та Троједница тражена већ 1848. год. Ако су Хрвати потегли и за Босну, за коју нису никад раније дали ни кап крви, ни кап зноја, чак ни кап мастила, то је последица српске политике тих година која је занемарила питање муслимана босанских, питање битно, тако да је др Мачек успео онамо посејати семе какво је желео, и довести ствар дотле, да са једним Џафером Куленовићем говори најзад о Босни као једном делу Хрватског државног права тражећи да се она стави у територијалне погодбе између Загреба и Београда...

VII

Др Влатко Мачек не хтејући Југославију као један историјски апсурдум и политички парадокс, имао је у својој акцији хрватског шефа, три своје главне периоде.

ПРВИ ПЕРИОД МАЧЕКОВЕ ПОЛИТИКЕ ОД 1929. ДО 1939.

Ово је период његове борбе откад је постао шефом странке, док је постао стварним шефом Бановине Хрватске, коју је објавио, два дана након закључења бестидног Споразума са Цветковићем, својим Хрватима у Загребу, као „независну" бановину, државу у држави (28. августа 1939).

За време ове прве деценије његове храбре и отворене борбе против Београда, акција је сва лежала у државном нихилизму, у апстиненцији од власти и званичне одговорности, у заоштравању антагонизма према Србима до избезумљења његових маса. Полемика место полемике! У ово време спадају сви атентати, сва кристализација мржње, искувавања свих отрова против државе и Монархије, пактирање са свима српским непријатељима у Риму, Софији, Пешти и Берлину, са подељеним улогама између усташа ван граница и франковаца, левог крила Мачекове странке, у земљи. У ову периоду спада најзад и једна велика публикација *Економска подлога хрватског питања*, од покрштеног Јеврејина др Рудолфа Бићанића (данас у Лондону), коју је издао др Мачек, додавши на њу и своје име издавача. Књига је памфлет, са претензијом да изгледа као стручно и научно дело. Теза: сви Срби лопови, а сви Хрвати покрадени.

Књига је избезумила била хрватске масе, а тероризирала Регентство и његову Цветковићеву владу, која је брзо тражила споразум ма под коју цену. Бићанићев памфлет је међутим био гомила клевета, лажи и смицалица. Лист Драгише Васића, данас славног друга Драже Михаиловића, „Српски глас", изнео је из компетентних кругова цифре које демантују све тврдње Бићанића као да је Београд тобож опљачкао нашу трговачку морнарицу. Доказао је, напротив, цифрама, да скупо субвенционисана наша морнарица није учинила држави ни оне услуге какве је направио италијански Лојд за обичне превозне награде... Тим је оборена и сва друга кућа од карата, коју је у свом памфлету био дигао на лажи и отрову др Бићанић, плаћен од Мачека. Али је књига утицала макар и тако сва лажна, да дође до скорог Споразума Цветковић-Мачек. У њему је тадашњи Београд накнадио такве „штете" опљачканом Загребу: поделивши Хрватима српске историјске територије у Босни и Херцеговини, са једном чисто српском обалом, од ушћа Неретве на југ нашег приморја. Босна и Херцеговина, која није 1918. била војнички заузета битком, него коју је српски онамошњи народ дао добровољно Србији с уверењем да неће никад отуђити од ње ни квадратни километар, биле су овако ситна пара у рукама Цветковићеве владе, за нагодбу са непријатељем Српства, најслабијим којег је оно икад имало против себе! Мачек је своју Бановину назвао „независном", а криминални Цветковић је тај Споразум назвао „братским измирењем".

ДРУГИ ПЕРИОД МАЧЕКОВЕ АКЦИЈЕ ОД 1939. ДО 1941.

Други период акције др Мачека почиње од закључења Споразума 26. августа 1939. год, то јест његовим уласком у владу Драгише Цветковића. Ово је било прво министровање Мачеково. Ни овај пут др Мачек није ушао у владу да подели одговорност и у њој остане. Ово је разумео цео српски свет. Он није ушао ни због „братског измирења", него да контролише извршење закљученог Споразума: преношење компетенција са централне власти на власт бановинску, нарочито преношење великих фондова, који су били велика брига угрожених загребачких банкара. — У то доба је постојала у Хрватској катастрофа загребачке Прве хрватске штедионице, главног уложног завода све хрватске сиротиње, коју су неки „стручњаци" били упропастили, и довели да и срамно посрне. Требало је помоћ Народне банке из Београда да је вади из понора, помоћ какву уосталом није Београд никад учинио ни Босни ни Црној Гори, које су због тог и оголеле горе него икад раније. — Али се у Загребу добро знало да ће Мачек, чим тај посао у Београду сврши, и кад „употпуни" и деобу Босне са Цветковићем, вратити се у Загреб коначно, неповратно.

Не треба да кажем да је у дане тог Споразумевања у Купинцу, патриотски и српски Београд имао изглед као у доба краљице Драге; а требало је једна искра да се цела та комедија дигне у ваздух. Конкордат је био ситна ствар према овој првој српској „капитулацији", и ми смо били на два прста далеко да се она земља претвори у другу Шпанију оног доба.

Мачек је и сам осећао себе у Београду потпуним странцем. С династијом се опходио као победилац. Са Кнезом-Регентом разговори су се кретали само у оквиру Споразума. Са српском опозицијом није више ни имао никаквог додира. Провео је пола времена на возу између Београда и Загреба, увек запослен. — Из престонице бановске је брзо почела и политика ширих размера: почела је акција са мањинама, Немцима и Мађарима, затим преко Џафера Куленовића, и његових босанских муслимана, пропаганда међу нашим Арнаутима. Циљ ове акције било је спремити плебисцит који би све те масе упутиле да поремете равнотежу између Срба и Хрвата, тако да се придруже Загребу и окрену против Београда. Хрватска је на тај начин требала да направи са Београдом коначни историјски а не само политички обрачун, не као негдашња и свагдашња и свачија провинција, него као нова држава, већа и богатија него што би остала Србија у свом оквиру из 1914. год.

Мачек је био у то време послао и у Америку неког Петака под титулом секретара неког Хрватског певачког савеза, али стварно да посвршава неке послове загребачког друштва Земља, које се бавило питањем како да се хрватском народу створи могућност исељења из неплодних у плодне крајеве. Петак је добио задаћу да у Америци сабира новац међу хрватским исељеницима за откуп имања по Банату и Бачкој, што је он и урадио. Српска опозиција није у овом послу видела прст пред оком. Београдска Диктатура није о овом ништа ни наслућивала. Наш српски свет је веровао да су са Споразумом Цветковић-Мачек, који је изазвао мирно гнушање и прикривен гнев, престале даље битке. Није знао како загребачки музиканти, као Петак и Владо Колић (организатор плебисцита у Америци против Монархије, а за државу коју су издали и покрали), добијају од шефства из Загреба мисије историјског обима (баш зато што су тако невидљиви, ненаслутљиви, безначајни).

ТРЕЋИ ПЕРИОД МАЧЕКОВЕ АКЦИЈЕ
ГОДИНА 1941.

Али су у међувремену избиле друге крупне ствари. Долази 25. март 1941, када су Цветковић и Цинцар-Марковић, два крвна брата (један нишки а други београдски Цинцарин), потписали у Бечу Трипартитни пакт, опет без питања српског народа. Кад се у министарском већу у Београду претресало о будућем потпису, дали су оставке само два Србина пречанина, Будисављевић и Чубриловић, у име протеста, али нико од Хрвата министара, и заједно са Мачеком. — Треба ово добро разумети. Мачек и његови министри, као и цео увек германофилски Загреб, сматрали су да ће тај потпис, и прелажење Југославије на страну сила Осовине, бити за Хрватску једино добро које је икад дошло из Београда.

Јер са Југославијом у сфери Осовине, постигла би Хрватска доминантан положај не само у држави, него и на целом Балкану, док би Београд, напротив, остајући даље без везе са демократијама, био избачен на тангенту. Са поменутим мањинама југословенским, Хрватска би оперисала на начин да би јој припали најбогатији крајеви као Војводина, богата житом, Босна шумом и рудама, а Косово „арнаутско", тако исто богато рудним царством. Увек несрећна Хрватска што на своја три милиона, има један милион Срба, Загреб би са мањинама и босанским муслиманима постао сада главним градом једне будуће нове државе, какву ће уосталом, неким чудом, доцније Павелић привремено и остварити... Загреб, град капитализма и расцвата, ослонац целе будуће акције Осовине на европском Истоку...

Али не лежи враже, дође и 27. март, са државним ударом генерала Симовића. Мачек се сад нашао између једне своје владе која је гласала за Трипартитни пакт, и своје друге, револуционарне, противне пакту, пред могућности и да прими рат са Немачком и Италијом. Целу недељу дана је Симовићева влада била крња, очекујући и пристанак Мачека да Хрвати остану и даље у њој. Мачек, затежући да се херојски и епски солидарише, ударио је у уцене. Свој пристанак је везао за услов да се Хрватској уступи и Суботица... као што је то сутрадан објавио „New York Times". А добивши, како је јавио овај лист, и нове потписе са новим уступцима, Мачек их је узео у џеп за историју, а сам кренуо приватним аутомобилом право за Загреб! Владу ће да прати др Крњевић, његов заступник, Шутеј, државни благајник, са др Бићанићем, „стручњаком"; а он ће да остане са Андресом, Торбаром, Смољаном, Куленовићем, министрима, да у Загребу „деле судбину свог народа". У Београду су ипак веровали да ће ова слога Срба и Хрвата импресионирати Хитлера и Мусолинија, не знајући канда за једну поверљиву мисију нешто раније Андреса у Берлину...

Мачек, осећајући буру, дао је одмах изјаве како је хрватски народ мирољубив и непријатељ рата, а он лично највећи пацифиста; цитирајући овом приликом и Свето писмо. Ви добро видите шта ово значи и куд је требало да води.

Одмах после овог је настало расуло. Уосталом, одзив на мобилизацију показао је већ намере Хрвата да се листом предају ако се на граници јави први непријатељски војник. Војсци генерала Недељковића од 60.000 обвезника, јавило се свега 16.000, и то највећим делом Срби, о чему је писао у часопису „Saturday Evening Post", новинар добро познати Браун. По гарнизонима хрватским су поубијани Срби официри, бацане еполете и кокарде, митраљезима убијане трупе српског порекла, као у Мостару. Предавши своје заставе непријатељу, хрватски официрски кор се, ослобођен, предао на сопствене молбе у усташку војску Павелића већ од 8. маја, да одмах затим отпочне клање српских маса у Независној Хрватској.

Односно Мачековог Споразума са Цветковићем 26. августа 1939, и оног његовог Споразума за Суботицу са владом Симовића, о којем је говорио амерички велики часопис, треба забележити да је Мачек и до првог Споразума дошао уценом и шантажом, као и са владом Симовића, тражећи Суботицу. Хрвати су и сами тврдили 1939. године, како је београдска влада само пресијом блиског рата пристала на онакав Споразум. Мачекови другови су и јавно говорили како је Београду 1939. године остајало само једно од ово двоје: или се споразумети са Загребом на основу територијалних уступака, или да се помири с мишљу да ће Загреб одмах прећи на преговоре са Хитлером. Тако је др Мачек од некадашњег борца, до 1939, постао тад наједном уцењивач, Шајлок који је од Београда, напуштеног разбојницима, тражио Антонијев дуг, фунту живог тела!

Мачек је, после Симовићевог удара, отишао у Загреб да сачека ослободиоце Хрватске, макар што би и привремено уступио Анти Павелићу своје место шефа хрватског народа. Мачек је све добро унапред знао шта ће наступити. Његова странка, распуштена већ првих дана, без и најмањег отпора, прешла је, по примеру војске и бановинског чиновничког административног апарата, и сама, онако расута, на страну новог шефа бановине, али бановине која је већ одмах заузела обим једне велике краљевине од седам милиона душа.

Као Радић и као Павелић, Мачек је подједнако желео независну Хрватску, ма са које стране она дошла. Линија хрватске националне политике од Старчевића на Франка, и затим на Радића и на Мачека, ишла је увек у свом логичном и непрекидном правцу. Српски политичари одговорни су пред историјом, што не признајући и извртући ова факта, доведоше најзад Немањину државу пред оно масовно издајство Хрвата на западном фронту; затим њихове покоље Срба у Хрватској и Босни и Херцеговини, све до Берана где овог момента оперишу усташке војске заједно са италијанским; до убијања Срба официра и српских батаљона где су год били у мањини; и најзад до предаје наше морнарице без борбе; и данашњег помагања Хитлеру за утврђење „новог поретка" у нашој држави.

Мачек, видели смо у овом напису, никад није хтео ни Југославију, ни признавао народно јединство што је сто пута отворено показао и што је најзад запечатио и својим великим црним печатом.

БЕЛЕШКА О ПИСЦУ И ДЕЛУ

Јован Дучић, један од најзначајнијих песника српског модернизма, рођен је у Требињу. Тачан датум његовог рођења још увек је предмет расправе. Претпоставља се да је рођен 15. фебруара 1874. године.

Основну школу похађа у месту рођења, а када се породица преселила у Мостар, уписује трговачку школу. Жељан даљег школовања, упућује се у учитељску школу у Сарајеву где завршава прву годину. Школовање наставља у учитељској школи у Сомбору где је и матурирао 1893. године.

Исте године добија посао учитеља у Бијељини одакле убрзо бива протеран од стране аустроугарске власти због патриотских песама *Отаџбина* и *Ој, Босно*. У Мостар се враћа 1895. године, где до 1899. ради као учитељ. Ту, заједно са Алексом Шантићем и Светозаром Ћоровићем, 1896. године оснива књижевни часопис „Зора".

Након што је 1899. протеран и са учитељског места у Мостару, уписује студије права на Филозофско-социолошком факултету у Женеви. У оближњем Паризу сусреће се са модерном француском поезијом парнасоваца и симболиста који постају његови песнички узори.

После завршених студија у Женеви, 1907. враћа се у Србију где бива изабран за писара у Министарству иностраних дела, а тада почиње и његова успешна дипломатска каријера. Године

1910. постављен је за аташеа у посланству у Цариграду, а затим и у Софији. У периоду од 1912. до 1927. године био је аташе, секретар, а након тога и отправник послова у амбасадама у Риму, Атини, Мадриду и Каиру, те делегат у Друштву народа у Женеви.

Привремено је пензионисан 1927. године, али након две године бива враћен на место отправника послова у амбасади у Египту.

Редовни члан Српске краљевске академије постаје 1931. Годину дана касније постављен је за изасланика у Будимпешти. Од 1933. до 1941. био је изасланик у Риму, а затим и први југословенски дипломата у рангу амбасадора у Букурешту. Из Букурешта је затим пребачен у Мадрид где је био опуномоћени посланик све до распада Краљевине Југославије. Након што је Шпанија признала тзв. Независну Државу Хрватску, Краљевина Југославија прекинула је дипломатске односе са том земљом, па се у јуну 1941. Дучић сели у Лисабон одакле је након два месеца отпутовао у Сједињене Америчке Државе, у град Гери.

Преминуо је 7. априла 1943. од последица шпанске грознице и упале плућа. Дучићеви посмртни остаци похрањени су у порту српског манастира Светог Саве у Либертивилу, да би коначно, према његовој последњој жељи, били пренети у Требиње 22. октобра 2000. године и уз највише почасти положени у крипту цркве Херцеговачка Грачаница на брду Црквина изнад Требиња.

У времену пред смрт, погођен развојем ситуације у Југославији и страдањем српског народа, Дучић пише политичке текстове и новинске чланке, отворено осуђујући геноцид над Србима који је спроводила хрватска усташка влада. Из тог периода потичу и његови политичко-историјски есеји обједињени у књизи *Верујем у Бога и у Српство*.

САДРЖАЈ

ЈУГОСЛОВЕНСКА ИДЕОЛОГИЈА.............1

ФЕДЕРАЛИЗАМ ИЛИ ЦЕНТРАЛИЗАМ............67

ДР ВЛАТКО МАЧЕК И ЈУГОСЛАВИЈА..........175

Јован Дучић
ВЕРУЈЕМ У БОГА И У СРПСТВО

Лондон, 2023

Издавач
Globland Books
27 Old Gloucester Street
London, WC1N 3AX
United Kingdom
www.globlandbooks.com
info@globlandbooks.com

Дизајн корица базиран на фотографији
Mike Erskine
(https://unsplash.com/photos/a-green-tree-with-a-blue-sky-in-the-background-Tm-JbGmZ1h0)

www.ingramcontent.com/pod-product-compliance
Lightning Source LLC
Chambersburg PA
CBHW071906110526
44591CB00011B/1568